# Chalisa Sangreh

**(with Aarties)**

# Chalisa Sangreh

**(with Aarties)**

DIAMOND BOOKS

**ISBN : 81-7182-077-8**



**Published by** : **Diamond Pocket Books (P) Ltd.**
X-30, Okhla Industrial Area, Phase-II
New Delhi-110020
Phone : 011-41611861
Fax : 011-41611866
E-mail : sales@dpb.in
Website : www.dpb.in
Edition : 2008
Printed by : Young Art Press, Delhi-92

---

**CHALISA SANGREH**

# Contents

# GANESH CHĀLĪSĀ

**Jai Jai Jai vandan bhuvan naṅdan Gauri Gaṇesh**
**Dukh dvandvan phandan haran sundar suvan Mahesh**

Jayati shambhu sut Gaurī-nāṅdan,
vighna haraṇ nāsan bhav phandan.
Jai Gaṇanāyak janshukh dāyak,
vishv-vināyak Buddhi-vidhāyak.
Ek radan gai badan birājat,
vakratund shuċhi shunḍ susājat.
Tilak tripunḍ bhāl shashi sọhat,
chhavi lakhi sur nar muni man mohit.
Ur maṇi-māl saroruh lochan,
ratna mukuṭ-shir shoch vimochan.
Kar kuṭhār shuchui subhag trishūlam,
modak bhog sugandhit phūlam.
Sundar pītāmbar tan sājit,
charaṇ pādukā muni man rājit.
Dhani shiv suvan bhuvan sukh dātā,
Gaurī-lalan shaḍānan bhrātā.
Riddhi siddhi tava chanvar sudhārhiṅ,
mūshak vāhan sohi dvārahiṅ.
Tav manimā ko varṇe pārā,

janma charitra vichitra tumhārā.
Ek asur shiv rūp banāvai,
Gaurihin chhalan hetu tahan āvai.
Yah kāraṇ te shrī Shiv-pyārī,
nij tan-mail mūrti rachi dārī.
So nij sut kari grih baiṭhāre
dvār pāl sam tehiṅ baiṭhāre.
Jabahīn svyam shrī shiv tahaṅ āya,
bīnu pahichān jān nahiṅ pāye.
Pūchhyo shiv ho kiṅke lālā,
bolat bhe tum vachan rasala.
Main hun Gaurī sut suni lījāi,
āge pag na bhavan hit dījai.
Āvahir mātu būjhi tab jāo,
bālak se jani bāt badhāo.
Chalan chāhyao-Shiv bachan na mānyao,
tab hvai kruddh yuddh tum thānyo.
Tathshaṇ nahi kachhu Shambhu vichāryo,
gahi trishūl bhūl vashmāryo.
Siras phūl sam shir kati gayau,
chat uḍi lop gagan mahan bhayau.
Gayo shambhu jab bhavan manjhārī,
jahan baithī Girirāj kumārī.
Puchhe Shiv nij manmusḳāye,
kahanu satī-sut kahaṅ te jāye.
khulige bhed kathā suni sārī,
girī vikāl girirāj dulārī.
Kiyon na bhal svāmī ab jāo,
lāo shīsh jahāṅ se pāo.
Chalyo Vishnu sang shiv vigyānī,
milyo na so hastihin shir ānī.
Dhaḍh ūpar sthit kari dīnhyon,
prāṇ vāyu sanchālan ḳīnhyon.
Shrī Ganesh Shiv nām dharāyo,

## *Lord Shri Ganeshji*

Lord Ganesh — considered as first amongst gods and being the remover of obstacles and is also known as Vighneshvara.

Vidyā buddhi amar var pāyo.
Bhe prabhu patham pūjya sukdāyak,
vighna vināshaka buddhi vidhāyak.
Prathamahin nām let tav joī,
jag kahan sakal kāj sidh hoī.
Sumirahiṅ tumahiṅ milahin sukh nānā,
vinu tav kripā na kahuṅ kalyānā.
Tumharahiṅ shāp bhayo jag ankit.
bhādavari chauthī chandra akalankit.
Jabahin prīkshā shiv tuhiṅ līnhā,
pradakshinā prithvī dīnhā.
Shatmukh chalya mayūr udāī,
baiṭhi rache tum sahaj upāī.
Rām nām mahi par likhi ankā,
kīnh padakshiṇā taji man shankā.
Shrī pitu-mātu-charan dhari līnhyo,
tā kaharī sāt pradakshinā kīnhyo.
Prithvi parikrama phal payo,
as lakhi suran suman varshayo.
'Sunder dās' dās rām ke cherā,
Durvāsā ashram dhari derā.
Virchyo shri Gaṇesh chālisā,
Shiv purāṇ varṇit yogīsā.
Nitya Gajānan jo guṇ gāvat,
grah vasi sumaiti param sukh pāvat.
Jan dhan dhānya-suvan sukh dāyak,
dehiṅ sakal shobh shrī Gaṇanāyak.

## DOHA

**Shri Ganesh yah chālīsā, pāth karai dhari dhyan,**
**Nit nav mangal mod lahi, milai jagat sanmān.**
**Dvai sahstra dash vikramī, bhādra Krishna tithi gang,**
**Pūran chālīsā bhayo, sunder bhakti abhang.**

# ĀRTĪ

Jai Ganesh jai Ganesh Jai Ganesh devā
Mātā jāki pārvatī pitā Mahādevā
Ek daṅt dayāvaṅt chār bhujā dhārī
Māthe siṅdūr sohai, mūse kī savārī
Jai Gaṇesh.....
Aṅdhan ko āṅkh det, koḍhin ko kāyā
Bāṅjhan ko putra det nirdhan ko māyā
Jai Gaṇesh.....
Pān chaḍhe phūl chaḍhe, aur chaḍhe mevā
Ladduan kā bhog lage, saṅt kare sevva
Jai Gaṇesh.....
Jai Gaṇesh, Jai Gaṇesh, Jai Gaṇesh devā,
Mātā jāki Pārvatī, Pitā Mahādevā.

## SHIV CHĀLĪSĀ

**Jai Gaṇesh Girijā suvan Maṅgal mūl sujān**
**Kahit Ayodhyā dās tum dev abhay vardān**

Jai Girijpāti dīn dayālā,
sadā karat santan pritpāla.
Bhol chandrama sohat nāke,
kānan kunḍal nāg phanī ke.
Aṅg gaur shir gaṅgabanae,
munḍamāl tan chhār lagāe.
Vastra khāl bāgambar sohe,
chhavī ko dekh nāg munī mohe.
Mainā mātu ki havag dulārī,
bām aṅg sohat chhavī niyārī.
Kar meṅ trishūl sohat chhavī bhārī,
Karai sadā shaturn shahkārī
Nandī Gaṇesh sohain tahan kaise,
sāgar madhya kamal hai jaise.

Kārtik shyām aur ganarāū,
yā chhavī ko kahi jāt na kāū.
Devani jab hī āi pukārā,
tabahiṅ dukh prabhū āp nivārā.
Kiyā upadrav Tarak bhārī,
devani sab mili tumahiṅ juhārī.
Turant shaḍānan āp pathāyo,
lav nimesh mahiṅ māri girāyo.
Āp jaladhār asur sanhāra,
suyash tumhāra vidit sansārā.
Tripurāsur saṅg yudh machāī,
sabahin kripā kari līnh bachāī.
Kiyā tapahin Bhāgīrath bhārī,
purve pratigyā tāsu purārī.
Davan manan jum sam kou nȧhīṅ,
sevak ustutī sadāī.
Ved nām mahimā tab gāī,
aksth anādi bhed nahīn paī.
Pragateū dadi-manthan te jvālā,
jare surāsur bahe bihālā.
Dīndayāl tahaṅ karī sahāī,
Nilkaṅth tab nām kahāī.
Pūjan Rāmchaṅdra jab kīnhā,
Jīt ke Laṅka Vibhīshaṇ dīnhā.
Sahas kamal meṅ ho rahe dhārī,
Kinha parikshā tabahī purāī.
Ek kamal prābhu rakhyaū gohī,
kamal nayan pūjan chahaṅ soī.
Kathin bhakt dekhī Prabhū Shaṅkar,
bhaye prasan diye ichhatvar.
Jai Jai Jai Anaṅt avināsī,
karat kripā sab ke ghaṭ vāsī.
Dushaṭ sakal nit mohi satāvaeṅ,
bhramat rahe mohi chain na āvaen.

# *Lord Shivji*

Lord Shiva — represents the complete cyclic process of generation, destruction and regeneration. The all embracing nature of Lord Shiva is reflected in his 1008 names.

Trāhī trāhī maiṅ nāth pukāruṅ,
yahi avasari moin, āni ubāro.
Lai trishūl shatruni ko māro,
saṅkat se mohe āni ubāro.
Māta pitā bhrātā sab hoī,
saṅkat meṅ pūchhat nahīn koī.
Svāmī ek hai ās tumhārī,
aī haranu ab saṅkat bhārī.
Dhan nirdhan ko det sadāī,
jo koī jānchā so phal pāhīn.
Ustuti kehi vidhi karauṅ tumhārī,
shamahu nath ab chūk hamārī.
Shaṅkar ho saṅkat ke nāshan,
vighna vināshan maṅgal kāran.
Yogī yatī munī dhyān lagāvain,
shārad Nārad shīsh nivāvaiṅ.
Namo, namo jai namo Shivāye,
sur Brahmādik pār na pāye.
Jo yah pāth kae man lāī,
tāpar hot haiṅ Shambhu sahāī.
Rinyā jo koī ho adhikārī,
pāth kare so pāvan hārī.
Putra ho na inhchhā kari koī,
nishchai Shiv prasād te hoī.
Paṇḍit triyodashī ko lāvaiṅ,
dhyān pūrvak hom karāvain.
Tryodashī vita kare hamesh,
tan nahīṅ tāke rahe kalesh.
Dhūp dīp naived chaḍhāvai,
Shaṅkar sanmukh pāth sunāvai.
Janam Janam ke pāp nashāvai,
aṅtvās Shivpur meṅ pāvai.
Kahe Ayodhyā ās tumhārī,
jān sakal dukh harahu hamārī.

# ĀRTĪ

Jai Shiv onkāra Prabhu jai shiv onkāra
Brahmā Vishu Sadāshiv ardhaṅgī dhārā,
Om Har Har Mahādev.....
Ekānan, chaturānan, paṅchānan rāje,
Hansāsan Garuḍāsan Vrishvāhan sāje,
Om Har Har Mahādev......
Do bhuj, chāru chaturbhuj dashmukh ati sohe
Tīnoṅ rūp nirakhte tribhuban janmohe,
Om Har Har Mahādev.....
Akshyamāla banamālā muṅḍmāl dhārī,
Chaṅdan mrigmad sohai, bhāle shubhakārī,
Om Har Har Mahādev.....
Shvetāmbar Pitāmbar Bāgambar aṅge,
Brahmādik Sankādik Pretādik saṅge,
Om Har Har Mahādev.....
Kar madhye kamaṅḍalu au trishūl bhārī
Sukhkārī dukahārī jagpalankārī,
Om Har Har Mahādev.....
Brahmā Vishnū Sadāshiv jānat aviveka,
Praṇavākshar meṅ shobhit ye tinon ekā,
Om Har Har Mahādev.....
Trigum svāmī kī ārtī jo koī nar gāve
Kahat Shivānand svāmī man vāṅchhit phal pāve,
Om Har Har Mahādev.....

## VISHNU CHĀLĪSĀ

**Jai Jai Jai shrī Jagat pati, jagadādhār anant**
**Vashvar akhilesh aj, Sarveshval Bhagant.**

Jai Jai Dhraṇidhar shuti sāgar
Jayati Gadādhar sadguṇ āgar.
Shri Vāsudev Davakī nandan
Vāsudev nāsan-bhav-phandan.
Namo-namo sacharācher svāmī
paranbrahma prabhu namo namo namāmī.
Namo-namo Tribhuvan pasti Īsh
Kamalā pati keshav yogīsh.
Garuḍadhvaj aj, bhav bhai hārī
Murlīdhar Hari Madan murāri.
Narāyaṇ shrīpati purshottam
Padmanaabhi narhari sarvottam.

Jai Mādhav Mukuṅd
        vanmālī khal dal mardan, daman-kuchālī.
Jai agaṇit iṅdriya sāraṅadhar
        vishva rūp Vāman ānaṅd kar.
Jai Jai lokādhyaksh-dhananjai
        sahastragya jaganāth jayati jai.
Jai Madhudan anupam ānan
        jayati Vāyu-vāhan vajra kānan.
Jai Goviṅd Janārdan deva
        shubh phal lahat gahat tav seā.
Shyam sarorush sam taṇ sohat
        darsha karat sur nar muni mohat.
Bhāl vishāl mukuṭ shir sājat
        ur vaijantī māl virājat.
Tirchhī Bhrikuṭi chāp janu dhāre
        tin-tar nain kamal arunāre.
Nāshā chibuk kapol manohar
        mridu muskān kuṅj adharan par.
Janu maṇi paṅkti daskan man bhāvan
        basan pīt tan param suhāvan.
Rūp chaturbuj bhushit bhushan
        varad hast mochan bhav dūshan.
Kanjārun sam kartal suṅdar
        sukh samuh gun madhur samuṅdar.
Kar mahaṅ lasit shaṅkh ati pyārā
        subhag shabda jai deni hārā.
Ravi sam chakra dvitiya saṅhāre
        khal dal dānav sainya saṅhāre.
Tritiya hast mahaṅ gadā prakāshan
        sadā tāp-tride-pāp vināshan.
Padma chaturth hāth mahaṅ dhāre
        chāri padārath dene hāre.
Vāhan Garuḍ manogativānā
        tihuṅ tyāgt jan Bhagvānā.

Pahuṅchi tahān pat rākhat svāmī
ko Hari sam bhaktan anugāmī.
Dhani-dhani mahimā agam anaṅtā
dhanya bhaktavatsal Bhagvaṅtā.
Jab-jab surahiṅ asur dukhdīṅhā
taba tab prakaṭi kashṭ Hari līnhā.
Sab sur-muni Brahmādi maheshū
sahi na sakya ati kaṭhin kaleshū.
Tab tahaṅ dhari bahu rūp nirantar
mardyo-dal dānvahi bhayaṅker.
Shaiyyā shese sindu bīch sājit
saṅg Lakshmī sadā-vriājit.
Pūran shakti dhānya-dhan-khānī
ānaṅd bhakti bharaṇi sukh dāmā
Jāsu virad nigamāngam gāvat
shārad shesh pār nahīṅ pāvat.
Ramā Rādhikā Siya sukh dhāmā
sohī Vishu Krishna aru Rāmā.
Agaṇit rūp anūp apārā
nirgum sagum svarūp tumhārā.
Nahin kachhu bhad ved as bhāshat
bhaktan se nahiṅ aṇtar rākhat.
Shrī prayāg-Durvāsā-dhāmā
Suṅdardās Tivārī grāmā.
Jag hit lāgi tumahiṅ jagdīsha
nij-mati rachyo vishu-chālīsā.
Jo chit dai nit paḍhat paḍhāvat
pūran bjakti shakti sarsāvat.
Ati suk vāsat, ruj rin nāsat
vaibhav vikāshat, sumati prakāshat.
Āvat sukh gāvat shruti shārad
bhāshat Vyās-bachan rishi Nārad.
Milat subhag phal shok nasāvat
aṅt samaya jan Hari pad pāvat.

## DOHA

**Prem sahit gahi dhyān mahaṅ, hridai bich jagdīsh,
Arpit Shāligrām kahaṅ, kari Tulasī nit shīsh,
Kshaṇ bhaṅgur tanu jāni, kari ahankār paihār,
Sār rūp Īshai lakhal taji asār saṅsār,
Satya shodh kari ur gahai ek Brahaman Onkār,
Ātma both hovai tabil, milai mukti ke dvār,
Shāṅti aur sadhāv kahaṅ, jab ur phūlahiṅ phūl,
Chālīsā phal lahahiṅ jan, rahahi Īsh anukūl.
Ek pāṭh jan nit karai Vianu dev chālīs,
Chār padārath navahuṅ nidhi, deyaṅ Dvārikādhis.**

## ĀRTĪ

Om Jai Jagadīsh hare, Svāmī jai Jagadīsh Hare,
bhakt janoṅ ke sankat shan men dur kare, Om jai...
Jo dhyave phal pave dukh binese man ka
Sukh sampati ghar ave kast mite tan ka, Om jai...
Māt-pitā tum mere sharan gahūṅ maiṅ kiskī,
Tum bin aur na dūjā, ās karūṅ maiṅ jaskī, Om jai...
Tum pūran parmātamā, tum aṅtaryāmī,
Pārbrahma parmeshvar tum sab ke svāmī, Om Jai...
Tum karūṇā ke sāgar, tum pālan kartā,
Main mūrakh khal kāmī kripā karo bharata, Om jai.
Tum ho ek agochar, sabe ke prāṇpatī,
kis vidh milūn dayāmai tum ko main kumatī, Om jai
Din baṅdhu dukh hartā tum rakshak mere,
Apne hāth uṭhāo, dvār paḍā maiṅ tear, Om jai...
Vishai vikār maṭāo, pāp haro devā,
Shradhā bhakti baḍhāo, saṅtan kī sevā, Om Jai...
Tan man dhan to kuchh hai sab hi terā,
Terā tujhko arpaiṅ, kyā lāge merā, Om Jai...

# RĀM CHĀLĪSĀ

**Gaṇapati charaṇ saroj gah**
**Charanodak dhari bhāl**
**Likau vimal Rāmāvalī, sumiri Aṅjanīlāl.**
**Rām charit varṇan Karauṅ, Rāmashiṅ hridai manāi,**
**Madan kadan ral rākhishir, man kahaṅ tāp mitāi.**

Rām Ramāpati Raghupati jai jai
Mahā-Lokpati jagpati jai jai.
Rājit janak dulārī jai jai
Mahinaṅdan prabhu-pyārī jai jai.
Rātihuṅ divas Rām dhun jāhīn
Magan rahat man tan dhkh nāhīn.
Ram sanesh jasu ur hoī
Mahā bhāgyashālī nar soī.
Rākshas dal saṅhārī jai jai
Mahā patit tanu tārī jai jai.
Rām nam jo nishar gāvat
Man vānchhit phal nishchai pāvat.
Rāmayudhsar jehin kar sājat
Man manor lakhi koṭihuṅ lājat.
Rākhahu lāj hamārī jai jai
Mahimā agam tumhārī jai jai.
Rājīv nayan munin man mohal
Mukuṭ manohar shri par sohai.

Rājit mridul gāt shuchi ānan
Makarākrit kuṇdal duhuṅ kānan.
Rāmchandra sarvottam jai jai
Maryādā Purshottam jai jai.
Rām nām gum agam anaṅtā
Manan karat shārad shruti saṅtā.
Rāti divas dhyāvahu man Rāmā
Man raṅjain bhaṅjan bhav dāmā.
Rāj bhavan, saṅg meṅ nahin jahin
Man ke hī man meṅ rahi jaihaiṇ.
Rāmhin nām aṅt sukh daihaiṅ
Man gaḍhant gap kām na aihaiṅ
Rām kahānī Rāmahiṅ sunihaiṅ
Mahimā Rām tabai man gunhaiṅ.
Rāmhi mahaṅ jo ni chit rākhihaṅ
Madhukar saris madhul ras chakhihaiṅ.
Rāg raṅg kahum kīrtin thanihaiṅ
Mamtā tyāgi ek ras janihaiṅ.
Rām kripā tinhīn par hvai haiṅ
Man vānchhit phal abhimal paihain.
Rāḳshas daman kiyo jo chhan meṅ
Mahā banhu bani vichāryo van meṅ.
Rāvaṇādi hati gati dain dīnhyo
Mahi Rāvaṇahiṅ siya vadh kinhyo.
Rām ban sut sursari dhārā
Mahā pātkihuṅ gati dai dārā.
Rām ramit jag amit anantā
Mahimā kahi na sakahiṅ shruti saṅtā.
Rām binā ur hot aṅdherā
man sohī dukh sahat ghaṅerā.
Rāmashi ādi anādi kahāvat
Mahāvrit Shaṅkar-gun gāvat.
Rām nām lahi shambhu apārā
Mahikar bhār sheria dhārā.

Rākhi Rām hiya Shambhu sujānā
Mahā ghor vish kīnhyo pānā.
Rāmahi mahi-lakhi lekh Maheshū
Mahā pūjya kari diya Ganeshu.
Rām ramit ras ghaṭit bhakti ghat
Man ke bhajatahiṅ khulat prem pat.
Rājiṭ Rām Jinurhiṅ ur aṅtar
Mahāvīr sam bhakta niraṅtar.
Rāmashi līnhā ek sahārā
Mahā siṅdhu kapi kīnha pārā.
Rām nām rasnā ras shobhā
Mardan kām krodh mad lobhā.
Rām charit bhaji bhayo sugyātā
Mahādeva mukti ke dātā.
Rāṁahi japat miṭat bhav shūlā
Rām maṅtra yah maṅgal mūlā.
Rām nām japi jo na sudhārā
Man pishāch so nipaṭ gaṅvārā.
Rām kī mahimā kahan lag gāūṅ
mati malīn maṅ pār na pāūṅ.
Rāmavali as likhi chālīsā
Mati anusār dhyān Gaurīsā.
Rāmahi suṅder rachi ras pāgā
Maṭh Durvāsā nikaṭ prayāgā.
Rām bhakt yahiṅ jo nit dhyāvahiṅ
Man vānchhit phal nischai pāvahiṅ.

## DOHA

**Rām nām nit bhajahu man, rātihuṅ din chitlāi.
Mamtā matsar malinatā, manastāp miṭī jāi.
Rām kā tithi budh Rohiṇi, Rāmāvali Kiyabhās
Mān sahastra bhuj drug samat, magsar Suṅdardās.**

# ĀRTĪ

Shrī Rāmachaṅdra Kripālu bhaju maṇ, haran bhav bhai dāruṇam.
Nav kaṅj lochan, kaṅj mukh, kar kaṅj pad kanjāruṇam.
Kaṅdarp agaṇit amit chhavi,Navvnīj jīra suṅdaram,
Paṭ pīt mānahuṅ taḍit ruchi, Suchi naumī Janakasutāvaram
Bhuj dīn baṅdu dinesh dānav, dushṭ daian nikaṅdanam,
Raghunaṅd ānand kaṅd kaushal, chaṅdra Dashrath naṅdanam,
Sir kriṭ kuṇdaatil chāru, udār aṅg vibhūsanam,
Ajānubhuj sar-chāp dhar, sangrāmajit kharaūshanam.
Iti badit Tulasīdās Shanker, shesh muni man ranjanam,
Mam hridai kaṅj nivās kar, kāmādi khaḻ dal bhanjanam.
Manujāhi racheu milled so bar sahaj suṅdarsānvāro,
Karuṇā nidhān sujān sīlu sanehu jānat rāvaro.
Ehi bhānti Gauri asīs suni, Siya sahit hiya harshīn alī,
Tulsī bhavānihin pūji-puni mudit man maṅdir chalī.
Jani Garu aunkūl, Siya hiya harshu na jāi kahi,
Maṅjul maṅgal mūl, bām aṅg pharkan lāge.

# HANUMĀN CHĀLĪSĀ

**Shri Guru charaṇ saroj raj, nij man mukul sudhār;**
**Varṇau Raghubal vimal yash, jo dāyak phal chāt.**
**Buddhīn tanu jānike, simrau Pavankumār;**
**Balbudha vidyā deu mohi, harahu kalesh vikār.**

Jai Hanumān gyān gun sāgar,
jai Kapīsa tihun lok ujāgar,
Rāmdūt atulit bal dhāmā,
Añaniputra Pavansut nāmā.
Mahāvīr vikram Bajrangi,
kumati nivār sumati ke saṅgī.
Kanchan varan virāj suveshā,
kānan kuṇḍal kunchit keshā.
Hāth vijra aru dhvajā birājai,
kāndhe mūnj janeu sāje.
Shaṅkar suvan kesrīnaṅdan,
tej pratāp mahājag vandan.
Vidyāvān gunī ati chātur,
Rām kāj karve ko ātur.
Prabhu charitra sunve ko rasiyā,
Rām Lakhan Sītā man basiyā.

Sūksham rūp dhari sinhahi dikhāvā,
vikat rūp dhari Laṅka jarāvā.
Bhīm rūp dari asur sanhāre.
Rāmchandra ke kāj saṅvāre.
Lāi sanjīan Lakhan jiyāye,
Shrī Raghubīr harashi ur lāya.
Raghupati kīnhī bahut baḍhāī.
tum mam priya Bharat sam bhāī.
Sahas bandan tumharo yash gāvaiṅ,
ash ahi Shrīpati kanth lagāvaiṅ.
Sanākadik Brahmādik Munīshā,
Nāraḋ Sārad sahit ahīshā.
Yam Kuber Digpāl jahānte.
kavi kovid kahi sakai kahāṅte.
Tum upkār Sugrīvahiṅ kīnha
Rām milāi Rājpad dīnhā.
Tumharo maṅtra Vibhīshan mānā,
Laṅkeshvar bhaye sabh jag jānā.
Yug sahastra yogan par bhānū,
līlyo tāhi madhur phal jānū.
Prabhu mudrikā meli mukh māhīṅ,
jaladhi lāṅghi gaye achraj nāhīn.
Durgam kāj jagat ke jete,
sugam anugraha tumhare tete.
Ram duāre tum rakhāre,
hot na āgyā bin paisārē.
Sab sukh lahai tumharī sarnā,
tum rakshak kahu ko darnā.
Āpan tej samhāro āpai,
tīnoṅ lok hāṅkate kānpai.
Bhūt pisāch nikat nahīn āvaiṅ,
Mahābīr jab nam sunāvaiṅ.
Nāsain rog harai sab pīra,
japat nirantar Hanumat bīrā.
Sankaṭ se Hanmān chhudaveṅ,

*Shri Hanuman*

man kram bachan dhyān jo laveṅ.
Sab par Rām tapasvi rājā,
tinke kāj sakal tum sājā.
Aur manorath jo koī lāvai,
tāsu amit jīvan phal pāvai.
Chāroṅ yug partāp tumhārā,
hai parsidh jagat ujiyārā.
Sādhu ṣant ke tum rakhvāre,
asur nikandan Rām dulāre.
Asht siddhi navanidhi ke dātā,
asvar dinh jānkī mātā.
Rāmrasāyan tumhare pāsā,
sadā raho Raghupati ke dāsā.
Tumhare bajan Rām to bhāvai,
janam janam ke dukh bisarāvai.
Antakal Raghupati pur jāī,
jahan janma Hari bhakta kahāī.
Aur devtā chit na dharaī,
Hanumat sei sarva sukh karaī.
Sankat harai mite sab pīrā,
jo sumrai Hanumat bal bīrā.
Jai Jai Jai Hanumān gusāīn
Kirpā karahu gurudeva ke nāīn.
Yah shat bār pāth kar joī,
chhūtahin bandi mahā sukh hoī.
Jo yah padhai Hanumān chālīsā,
hoi siddhi sākhī gaurīsā.
Tulsīdās sadā Hari cherā
kījai nāth hirdai mahan derā.

## DOHA

**Pavan tanai saṅkat haran, Maṅgalmūrati rūp**
**Ram Lakhan Sita sahit, hridaī basahu sur bhup.**

# ĀRTĪ

Ārtī kjaī Hanumān lala kī,
Dushṭ dalan Raghunāth kalā kī, Ārti kījai .....
Jāke bal se girivar kāṅpe
bhūt pishāch nikaṭ nahīṇ jhāṅke
De bīḍā Raghunāth pathāe
Laṅkā jarāe Siyā sudhi lāe
Laṅkā sī koṭ samudra sī khāī
jat Pavan sut bār na lāi
Bāīn bhuja se asur saṇhare
dāhinī bhujā sur saṅt ubāre
Laṅkā jarāi asur saṅhāre
Rājārām ke kāj saṅvare
Aṅjaniputra mahabāldāī
dev saṅt ke sadā sahāī
Laksmaṇ mūrchhit paḍe sakāre
Lāi sanjīvan prāṇ ubāre
Paiṭhi pātāl tori yan kāre
Ahirāvaṇ ki bhujā ukhāre
Sur nar muni jan ārtī utāren
jai jai jai kapirāj uchāreṅ
Kaṅchan thār kapūr suhāī
Ārati karat Anjani māī
Jo Hanumān jī kī ārtī gāve
Bīs baikunṭh param pad pāve

# HANUMAN ASHTAK

Bāl samaī Ravi bhakshi lyo tab tinahūn lok bhayo andhiyāro,
Tāhisu trās bhayo jag ko yah sankaṭ kāhu son jat na tāro,
Devan āni karī vinatī tab chhāḍi diyo Ravi kasht nivāro,
Ko nahīn jānat hai jag men Kapi sankaṭ mochan nām tihāro.
Bāli kī trās Kapis basai giri, jāt mahāprabu panth nihāro,
Chaukī mahāmuni sāp diyo tab chāhiya kaun vichār vichāro,
Kai dvij rūp livāi mahāprabhu so tun dās ke shok nivāro,
Ko nahīn jānat hai jag men kapi sankaṭ mochan nām tihāro.
Angad ke sang lain gaya Sīya khoji Kapis yah bain uchāro,
Jīvat nā bachihao hamson ju binā sudhi lāi ihān pagu dhāro,
Heri thaki taṭ sindhu sabai tab lāi, Sīya sudhi prān ubāro,
Ko nahīn jānat hai jag men kapi sankaṭ mochan nām tihāro.
Rāvan trās daī Sīya ko sab rākshasī son kahi shok nivāro,
Tāhi samai Hanumān mahāprabhu jāi mahā rajnīchar māro,
Chāhit Sīya Ashok son āgi su, dai prabhu mudrikā shok nivāro,
Ko nahīn jānat hai jag men kapi sankaṭ mochan nām tihāro.
Bān lagyo ur Lachhman ke tab, prān taje sut Rāvan māro,
Lāi grah vaidya Sushen samet tabahīn giri dron su vir ubāro,
Āni sanjīvani hāth daī tab, Lachman ke tum prān ubāro,
Ko nahīn jānat hai jag men kapi sankaṭ mochan nām tihāro.
Rāvan yudhi ajān kiyo tab, nāgi ke phāṇsi sabai sir dāro,
Shrī Raghunāth samet sabai dal moh bhayo yah sankat bhāro,
Āni khages tabai Hanumān ju bandhan kāṭi sutras nivāro,
Ko nahīn jānat hai jag men kapi sankaṭ mochan nām tihāro.
Bandhu samet jabai Ahirāvan lai Raghunāth pātāl sidhāro,
Devihn pūji bhalī vidhi son bali deu sabai mili mantra vichāro,
Jāi sahāi bhayo tabahin Ahiravāna sain samet sanhāro,
Ko nahīn jānat hai jag men kapi sankaṭ mochan nām tihāro.
Kāj kie badh devan ke tum vīr mahāprabhu dekhi vichāro
Kaun so sankaṭ mori garib ko jo tum so nahīn jāt hai tāro,
Vegi haro Hanumān mahāprabhu jo kachhu sankat hoi hamāro,
Ko nahīn jānat hai jag men kapi sankaṭ mochan nām tihāro.

**Lal dehi lālī lase, aru dhari lāl Langur,**
**Vajra deh dānav dalan, jai jai jai kapi sūr.**

## KRISHNA CHĀLĪSĀ

**Banshi shobhit kar madhur**
**nil jalaj tanu shyam.**
**Arūṇ adhar janu bimba phal**
**nayan kamal abhirām.**
**Pūran Indu Arvind mukh**
**pītāmbar suchi sāj.**
**Jai Man Mohan Madan chhavi**
**Krishṇachandra maharāj.**

Jai jai Yadunandan jag vandan
Jai Vasudev Devkī nandan.
Jai Yashodā sut Nandadulāre
Jai prabhu bhaktan ke rakhvāre.
Jai Naṭanāgar Nāg nathaiyā
Krishna Kanhaiyā dhenu charaiyā.
Puni nakh par Prabhu Girivar dhāro
Āo dīnan-kasht nivāro.
Banshī madhur adhar-dhari tero
Hove pūran manorath mero.
Āo Harī punī makhan chākho
āj laj bhaktan kī rākho.
Gol kapol chibuk arunāre
mridu muskān mohinī dāre.
Rājit Rājiv nayan vishālā
mor mukuṭ vaijantīmālā.
Kunḍal shravan pīt pat āchhe
kaṭi kinkiṇī kāchhanī kāchhe.
Nīl jalaj sundar tan sohai
chhavi lakhi sur nar muni man mohai.
Mastak tilak alak ghunghrāle
Āo Shyam bānsuriyā vāle.

Lord Krishnji

Kari pai pān putanahiṅ tāryo
Akā-bakā kāgāsur māryo.
Madhuvan jalat agin jab jvālā
bhe shītal lakhatahiṅ Naṅdalālā.
Jab surpati Brij chadhyo risāī
Mūsar dhār bārī barsāī,
Lakhat lakhat Brij chahat bahāyo
Govardhan nakh dhari bachāyo.
Lakhi Yashudā man bhram adhikāī
Mukh mahaṅ chaudah bhuvan dikhāī.
Dushṭ kaṅsa ati udham machāyo
Koṭi kamal kahaṅ phūl mangāyo.
Nāthi kāliyahiṅ ko tum līnhyo
Charan chinh dai nirbhai kīnhyo.
Kari gopin saṅg rās bilāsā
sab kī pūr karī abhilāsā.
Agaṇit mahā asur sanhāryo
Kaṅsahi kesh pakaḍi dai māryo,
Mātu pitā kī baṅdi chhuḍāyo
Ugrasen kahaṅ rāj dilāyo.
Him se miritak chhahon sut lāyo
Mātu Devakī shok miṭāyo.
Narkāsur mur khal sanhārī
Lāe shaṭdash sahas kumārī.
Dai Bhimahiṅ traṇ chīri isārā
Jarāsindh rākshas kahaṅ mārā.
Asur vrikāsur ādik māryau
Nij bhaktan kar kashṭ nivāryau.
Dīn Sudāma ke dukh tāryo
Taṅdul tīn muṭhi mukh ḍāryo.
Duryodhan ke tyāgyo mevā
Kiyo Vidur ghar shāk kalevā.
Lakhī prem tuhiṅ mahimā bhārī
Naumi Shyām dānan hitkārī.

Bhārat meṅ pārath-rath hāṅke
Liye chakra kar nahiṅ bal thāke.
Nij Gītā ke gyān sunāye
bhaktan hridai sudhā sarsāye.
Mīra aisī matvālī
vish pī gayī bajākar tālī.
Rāṇā bhejā sāmp pitārī
shāligrām bane banvārī.
Nij māyā tum vidhiṅ dikhāyo
uṛte saṅshai sakal mitāyo.
Tav shatniṅdā kari tatkālā
jīvan mukt bhayo shishūpālā.
Jabahiṅ Draupadī ter lagāī
Dīnānāth lāj ab jāī.
Turatahiṅ basan bane nNandlālā
baḍhyo chīr bhe ari munh kālā.
As anāth ke nāth Kanhaiyā
ḍubat bhaṅvar bachāvahi naiyā.
'Sundardās' vās Durvāsā
Karat vinai Prabhu pūjahu āsā.
Nāth sakal uri kumati nivāro
chhamoṅ vegi aprādh hamāro.
Kholo pat ab darshan dījai
"Bolo Krishna Kanhaiya kī jai".

## DOHA

**Krishna chandra ke nām se, hot praphulit gāt,**
**tan ghātak pātak ṭarat, rog dūr hvai jāt.**
**Chālīsā jo nit paḍhai, Kaṭhin kashṭ kaṭi jāi,**
**dhan jan bal vidyā baḍhai, nit nar sukh sarsāi.**
**Yah chālīsā Krishna kā, pāṭh krai ur dhāri,**
**asht siddhi nav niddhi phal, lahi padārath chāri.**

# ĀRTĪ

Ārtī yugal kishor kī kījai,
Rādhe dhan nyochhāvar kīji, Ārtī ...
Ravi shashi koṭi badan kī shobhā,
tāhi nirakh merā man lobhā, Ārtī...
Gaur Shyām mukh nirkhat rījhai,
Prabhu ko rūp nayan bhar pījai, Ārtī...
Kaṅchan thār kapūr kī bātī,
Hari āya nirmal bhaī chhātī, Ārtī...
Phūlan kī sej phūlan kī mālā,
Ratna sinhāsan baiṭhe Naṅdlālā, Ārtī...
Mor mukut kar murlī sohai,
Natvar vesh dekh man mohai, Ārtī...
Ādhā nīl pīt pat sārī,
Kuṅj Bihārī Girvardhārī, Ārtī...
Shrī Purshottam Girvan dhārī,
ārtī karat sakal Brajanārī, Ārtī...
Naṅd-naṅdan Vrishabhānu kishorī
Parmānaṅd svāmī avichal jorī, Ārtī...

## SHREE DUGRA CHĀLĪSĀ

Namo Namo Durge Sukh karani
Namo Namo Ambe Dukh harani
Nirakar hai yotu tumhāri
Tihun lok pheli ujayari
Shashi lalt mukh mahavishālā
Netra lal bhrikutee vikarālā
Roop Matu ko adhika suhāve
Daras karat jan ati sukh pāve
Tum sansar shakti laya kinā
Pālan hetu anna dhan dinā
Annapurnā hui jag pālā
Tumhi Adi Sundari bālā
Pralay kala sab nāshan hāri
Tum Gauri Shiv-Shankar pyāri
Shiv yogi tumhre guna gaven
Brahmā Vishnu tmhen nit dhyāven
Roop Saraswati ko tum dhārā
De subuddhi rishi munina ubārā
Dharyo roop Narsimha ko Ambā

Pragat bhayin phar kar khambā
Raksha kari Prahlaad bachāyo
Hiranakush Ko swarga pathāyo
Lakshmi roop dharo jag mahin
Shree Narayan anga samhahin
Ksheer Sindhu men karat vilāsā
Daya Sindhu, deeje man āsā
Hingalaja men tumhin Bhavāni
Mahima amit na jat bākhani
Matangi Dhoomāvati Mātā
Bhuvneshwari bagalā sukhdātā
Shree Bhairav Tārā jog tārani
Chhinna Bhāla bhav dukh nivārani
Kehari Vāhan soh Bhavāni
Lāngur Veer Chalat agavāni
Kar men khappar khadag virāje
Jāko dekh kāl dar bhaje
Sohe astra aur trishoolā
Jāse uthata shatru hiya shoolā
Nagarkot men tumhi virājat
Tihun lok men dankā bajat
Shumbhu Nishumbhu Danuja tum māre
Rakta-beeja shankhan samhāre
Mahishāsur nripa ati abhimāni
Jehi agha bhar mahi akulāni
Roop karāl Kalika dhara
Sen Sahita tum tin samhārā
Pari gārha Santan par jab
Bhayi sahaya Mātu tum tab tab
Amarpuri aru bāsava lokā
Tava Mahimā sab rahen asokā
Jwālā men hai jyoti tumhari
Tumhen sadā poojen nar nāri
Prem bhakti se jo yash gāve

Dukh-dāridra nikat nahin āve
Dhyāve tumhen jo nar man lāee
Janam-maran tāko chuti jāee
Jogisur-muni kahat pukāri
Jog na ho bin shakti tumhāri
Shankar Aacharaj tap keenhon
Kam, krodha jeet sab leenhon
Nisidin dhyan dharo Shankar
Kahu kal nahin sumiro tum to
Shakti roop ko maran na pāyo
Shakti gayi tab man pachitāyo
Sharnāgat hui keerti bakhāni
Jai jai jai Jagdamb Bhavāni
Bhayi prasanna Aadi Jagdamba
Dayi shakti nahin keen vilamba
Mokon Matu kashta ati ghero
Tum bin kan hare dukh mero
Aāshā trishā nipat satāven
Moh madādik sab binsāven
Shatru nāsh keeje Maharāni
Sumiron ekachita tumhen Bhavāni
Karo Kripā Hey Matu dayālā
Riddhi-Siddhi de karahu nihālā
Jab lagi jiyoon dayā phal paoon
Tumhro yash men sadā sunaoon
Durga Chalisa jo gave
Sab sukh bhog parampad pave

## DOHA

**Gahat ant Bhagvant pad, Pāvat divya sharir.**
**Lahat mātu ke pad kamal, Rahat na bhar bhai pir.**
**Basahu devi tum bani sadā, Bhaktan ke tan kanti.**
**Lasahu bhakti, mam milahin ur, Shānti, shānti, mān shānti.**

## *Supreme Mother Goddess Durga*

Goddess Durga — renowned slayer of demons, wife of Shiva, personifying Shakti or divine energy.

# ĀRTĪ

Jai Ambe Gaurī maiyā, jai Shyāmā Gaurī,
Nishdin tumko dhyāvat, Hari Brahmā Shivjī,
Jai Ameb .....
Māṅg sindūr birājat, tīko mrigmadko,
ujjvalse doū nainā, chaṅdravadan nīko,
Jai Ambe....
Kanak samān kalevar, raktāmbar rāje,
Raktapushp galmālā, kaṇṭhhar sāje, Jai Ambe....
Kehari vāhan rājat, khaḍg khappar dhārī
sur nar munijan sevat, tinke dukhahari,
Jai Ambe.....
Kānan kuṅḍal shobhit, nāsāgre motī,
Koṭik chaṅdra divākar, samrājat jyoti, Jai Ambe.....
Shumbh-nishumbh vidāre, Mahishāsur ghātī,
Dhūmra-vilochan nainā, nishdin madmātī,
Jai Ambe.....
Brahmānī, Rudrānī, tum Kamala Rānī,
Agam-nigam bakhānī, tum Shiv patrānī,
Jai Ambe.....
Chauṅsaṭh yogini gāvat, nritya karat Bhairoṅ,
Bājat tāl mridaṅga, aur bājat damrū, Jai Ambe.....
Tum ho jag ki mātā, tum hī ho bhartā,
Bhaktan kī dukh hartā, sukh sampati kartā,
Jai Ambe.....
Bhujā chār ati shobhit, var mudrā dhārī,
Manvānchhit phal pāvat, sevat nar nārī,
Jai Ambe.....
Kaṅchan thāl virājat, agaru kapūr bātī,
Mālketu meṅ rājat, koṭiratan jyoti, Jai Ambe.....

## LAKSHMI CHĀLĪSĀ

**Jai jai jai shri Lakshmi, Kījai kripā apār**
**Dīja dhan jan jāni nij, Iījai sharn manjhār.**
**Jayati, jayati jaganidhivatī, bhāgyavatī dhanavantī,**
**Jai jai jalaj vilāsinī, ghat ghat mahaṅ vichranti.**
**Jai jai shri kamle Hari priya, jalanidhi tanye amb.**
**Vinvat sundardās ik māṅ terahiṅ avalamb.**

Sab sukh bharaṇi Lakshmī Ambā,
dīnan par kahaṅ karati vlambā.
Tū tribhuvan tam-nāsani hāri
ho jag janni Vishnu kī pyari.
Bhed tumhār na koū pāvat,
chhaṇ mahaṅ sukh sampati upjāvat.
Pāvat sheshādik nahiṅ aṅtā,
mahimā anupam agam anantā.
Mukuṭ bīch shishu chaṇd virājat,
tīsar nayan bhāl bich sājat.
Jhūmat jhūmak maṇin laran kī,

*Goddess Lakshmiji*

sohat cholī harit varan kī.
Pushparaj hiya hār virājat,
lakhi chavi sahas bhadan man lājat.
Phahrat arun rang kī sāri,
Markat maṇi suchi jaḍit kinārī.
Kaṭi kinkiṇī guchhit treminyāṅ,
pad kamalan jhaṅkat pajanyāṅ.
Shobhā amit tej kī khānī,
lasit shastra ashṭāgdash pānī.
Gadā padma trishūl kripāṇaṅ,
shankh chakra rājit dhanubāṇaṅ.
Vajra kunḍikā pāshu kuṭhārī,
ati shuchi akshamāl kardhārī.
Sudhā kalashras hastavirājat,
ghanṭā vijai ghanāghan bājat.
Māṅ uptati kathā sukhdāī,
veda purān sadā yash gāī.
Ek samai as vidhi bhe bāmā,
machige devasur saṅgrāmā.
Sur asuran mahaṅ ati bhaikārī,
machyo yudh tihuṅ lok majhārī.
Tav Mahishāsur nij bhuj bal se,
surahin parājit kīnhyo chhalse.
Bani āpuhi devan kahan rājā,
Indrāsan par jāi virājā.
Lakhi Shiv Vishnu kupitchit bhayau,
atirisbāḍhi bhrukuṭi chaḍhigayau.
Mahālakshmī tu hiṅ-sthal se,
pragaṭīṅ tej puṅj ke bal se.
Lakhi sur muni prasanna man bhayau,
nij-nij shakti mātu kahaṅ dayau.
Mukh men baseṅ tej bani Shaṅkar,
Vishny oj bani baseṅ bhujan par.
Charaṇ Brahma, aṅgulin mahiṅ Bhanū,
Dasyoṅ kiraṇ bani dragan krishanū.

Diye prajāpati dasnan lalāmā,
dhare kuber Lakshmi nānā,
Sabai shakti devan soṅ pāī,
māṅ bhaiṅ tej puṅj adhikāī,.
Aṭṭāhas karī garjyo jabahīn,
kampi uṭhyo dashahūṅdish tabahīn.
Uchhlyo udadhi chalit bhe dharaṇī,
machyo yudh tas jāi na varaṇī.
Sakyo na sahi mahibhār apārā,
thakyo shesh kīnhyo phuṅkārā.
Ḍagamag ḍolat bhe giri kaise,
Rām bimukh nar nahin thir jaise.
Mahishāsur jab raci bahu māyā.
mahā thakit bhā pār pār na pāyā.
Tab māṅ kesh pakaḍi vadh kīnhyo,
devan gagan dundubhī dinhyo.
Dhani ho dhanya Lakshmī mātā,
shesh Mahesh ādi guṇ gātā.
Tav samān ko as jag jannī,
ati drinanī sukh sampati bharanī.
Satya saneh mātu kahaṅ lāgat,
havai dukh dūr sakal bhai bhāgat.
Sadā Lakshmī satya kī cherī,
karahiṅ vās satyahiṅ ur herī.
Karat satya jo māṅ guṇ gānā,
bharat su bhavan aṭūṭ khajānā.
Darsat māṅchhavi parsat chāranan,
barsat mudra chhanana-chhananan.
Harsat man tan tarsat puni-puni
dehiṅ daras māṅ ṭerahiṅ suni-suni.
Sundardās sumiri Durvāsa,
gahyau mātu charnan kī āsā.
As dhan kosh mātu se pāyo,
jo na ghaṭyo, nit ati sukh chhāyo.

## DOHA

**Mahālakshmī charit yah, chālīsā chit lāi.**
**Pāṭh karai nit nem soṅ riṇihuṅ dhanī hvai jāi.**
**Nit nav sukh sampati baḍhai, kahai shāstra sat graṅth.**
**Aṅt shāṅti ānandmai, lahai mukti kā paṅth.**

## ĀRTĪ

Jai Lakshmī mātā, mayā jai Lakshmī mātā,
Tumko nishdin sevat, Hara Vishnu vidhātā.
Jai Lakshmī.....
Brahmāṇī, Rudrāṇi Kamalā, tuhī hai jagmātā,
Surya chaṅdramā dhyāvat, Nārad rishī gātā.
Jai Lakshmī.....
Durgā rūp niraṅtar, sukh sampati dātā,
Jo koī tumko dhyāvat, riddhi siddhi dhan pātā.
Jai Lakshmī .....
Tūhī hai pātāl Basantī, tū hī shubh dātā,
Karma prabhāv prakāshak, jagnidhi se trātā.
Jai Lakshmī.....
Tum bin yagya na hove, astra na koī pātā,
Khān pān ka vaibava, sab tumse ātā.
Jai Lakshmī.....
Shubh guṇ maṅdir suṅdar, kshīrodadhi jātā,
Ratan charurdash tumhin, koī nahīn pātā.
Jai Lakshmī.....
Ārtī Lakshmī jī kī, jo koī nar gātā,
Ur ānaṅd ati umeg, pāp utar jātā. Jai Lakshmī.....

# MAHĀKĀLĪ CHĀLĪSĀ

**Jayati Mahākālī jayati, Ādya Kālī māt,**
**Jai Karāl vadane jayati, jagat mātu vikhyāt**
**Jai jai rūp Prachanḍikā, Mahakālikā devi,**
**Jayati jayti Shiv-chaṅdrikā, sur nar munijan sevi**
**Jayati jayati Raktāsanā, Raudramukhī Rudrāni,**
**Ari shoṇit khapair bharani khaḍga dharani shuchi pāṅni.**

Jai jai jai maiyā Shri Kālī,
jayati khadga kar khappar vālī.
Jayati Mahāmāyā vikr ālā,
Rudra-shakti kālahūṅ ko kālā.
Māṅ madhu kaiṭabh ke vadh-hetū
pragaṭī shrī Hari ke tan se tū.
Shyāmal gāt māt tav sohat
Ravi sam chhavi lakhi chavi pati mohat.
Dashmukh tīs nain man bhāvan
Bhāl bāl shashi, mukuṭ suhāvan.
Ko chhav varaṇi sakai māṅ terī
shyām kesh janu ghaṭā sugheri.
Ur ari muṅḍamāl chhavi chhājat
Astra shastra dash hast virājat.

Khappar khaḍg trishūl kuṭharī
Gadā chakra dhanu shaṅkh sudhārī.
Ari kar kaṭan ghāṅgharā rājai
Aṅg-aṅg suchi bhūshaṇ sājai.
Raṅgit rakt dash charaṇ karālā
jīhi vishāl rūp vikāralā.
Jabahī aṭṭāhas māṅ karatī
Kāṅpat tar-thar, thar, thar dhartī.
Ādi shakti dhani Jagdhātrī
Maha pralava kī adhishthātrī.
Māṅ tav charan pragaṭ shrī Shaṅkar
Rasnā bāhar, vadan bhayaṅkar.
Dhani-dhani Kalkae ki Kālī
Sahasabhujī shrī Shivpur vālī.
Tuhī kālī Siya Dashmukh nāsyo
shrī Raghupati pad vijai vilāsyo.
Jag sukh shāṅti hetu kalyānā
karīṅ rūp dhāraṇ bidhinānā.
Tuhīn, shrī Krishna rūp kī Kālī
Chandrahās murlī kar vālī.
Chaturbhujī tanu ashta bhujī dhari
kahuṅ dashbhuj, ashṭādashkari.
Kahuṅ battīs, chausaṭh bhuj dhārat
kahun sahasra bhuj kari mārāt.
Tūṅ Hai shaktī ardh nishi vālī
Tīkshṇadaṅt rasnā, risi vālī.
Raktachaṅḍika khaḍga dhāranī
Rudra chaṅdrikā khal saṅhāranī.
Shrī satshriṅgī Ādya kālī.
kālīkhoh nivāsani vālī.
Ādi mātu tuhīn nar shirmālī
tumīṅ kansahananī Baitālī.
Tumhīṅ Bhadrakālī Kailāsī
sadā khalan ke raktapyāsī.

Khach-khach-khach shiṙ kāṭi shatrukar
    Bhar-bhar-bhar-shonit khappar bhar.
Dal-dal-dal-dānav bhakshaṇ kar
    chal-chal chal-khal rakta khalan kar.
Gani-gani-gani arikarahu nipātā
    Dhani-dhani-dhani shrī kālī mātā.
Yahi ardās dās kahaṅ māī
    Pūjabu as tu hou sahāī.
Paryogāḍh saṅkat ab bhāri
    kehi kā maiyā āj pukarī.
Chāri-chor lāgyo mag mohī
    karan chahat Raghupati ko drohī.
Hai ehī shatrun kā bhūpā
    kām krodh moh lobh sarūpā.
Inahiṅ dehuṅ yadi anta-pachhārī
    Tabahin milahiṅ bhagvantmrārī.
Dūjo ek arj yah mātā
    toḍhahu sapadi khalan ke tāṅtā.
Jete dushṭa mahā aprādhī
    badkamī pāmar bak vyādhī.
Jo nit binu aprādh satāvat
    dharma karma shubh hon na pāvat.
Tinahin mātu tū chakijā hālī
    bachan putra kī hohi na khālī.
Puni bani Aindrī āvahu mātā
    Adbhut shakti dikhāvahu mātā.
Chaṭpaṭ lehu khalaiṅ saṅhārī
    Mori mātu jani karahu abārī.
Bharahu shānti sukh dhan jan dhāmā
    ati ānand hoi yah grāmā.
Puni-puni vinavahi Suṅdardāsā
    maiyā pūr karahu abhilāsā.

## DOHA

**Mahā kālikā charit yah, ik prakār ka mantra,
sarva kamna puran prati, manahun yantra aur tantra.
Kālī chālīsā padhai, lālī chahai ju koi,
Kālī ari kā nāsh ho, khāli bachan na hoi.
Kālī Hari kau teu hain, ari ko nāsan hār,
Hari kī pūran shakti hain, karat hetu sanhār.**

## SORATH

**Yahin sumirat sab ās, lahat pūran jag nārinar,
Govat Sundar dās, pāvat ati shubh sahaj phal.**

# ĀRTĪ

Prem sahit nit karūn ārtī, Mahā Kālikā maiyā kī.
Ari-daladarnī, mangal bharanī, dukhharnī sukh-daiyaki,
Prem sahit.....
Tumhīn agambhav bharne vālī, tumhīr jagat lai karne vālī,
Tumhīn kashṭalakhi nij bhaktan par, ākar turat sahaiya kī, Prem sahit.....
Tumhīn prabal ho Hari Kī shaktī, Raudrabhav Shankar Kī bhaktī,
Tumhīn janni patvār banī, ik seval Sundar naiyā kī,
Prem sahit.....

## SARASVATI CHĀLĪSĀ

**Jayati jayati jai Bhāratī, Sarasvatī jag devī,**
**Jayati amit varadāyinī, sur nar muni jan sevi,**
**Jai satvādinī shāmbhavī, vīṇā vādini amb,**
**Padmpriye Parmeshvarī, ik tumharahiṅ avalamb.**

Jai, Jai Sarasvatī-jagdambā
Karahu mātujani āj vilamba.
Basi mam kaṅṭh dehu sad bānī
nij sut-jani ek agyānī.
Karahu kāj pūran dai bhakti
bharahu buddhi bal vidyā shaktī.
Lahauṅ vijai jag mahaṅ yash pāūṅ
tav nit mātu charan shir naun.
Sapt suran rasnāmrit bānī
yah tav charnāmrit maharānī.
Sharad chaṅdra sam tav tan sohat
shvet hansvāhan man mohat.
Nayan kamal shobhit shashi bhālā
vīṇā hast mālatī mālā.

**Goddess Sarasvati**

Sarasvati — the goddess of learning and knowledge and also speech.

Shesh Mahesh suyash nit gāvaiṅ
    chhavi lakhi koṭihuṅ kām lajāvaiṅ.
Jai Holrachnā sājan vālī
    rasnā bīch virājan vālī.
Jayati Kaushikī gaur-dulāri
    jayati jayati chaturānan-pyārī.
Shrī Sarasvatyai namah japa jan
    svapnahuṅ rog na vyādhi rahat tan.
Yadi taji kumati kusangati koi
    vidyārthī paḍhahiṅ yahiṅ joī.
Saphal pariksha mahaṅ hvai jāv
    vidyā buḍdhi badhai sukh pāvai.
Kahuṅ gahi kumati, na bane ganvārā
    khaṅḍaī vīrya na ekahu bārā.
Ashtprakār prasangan meṅ se
    jo na karai prasang bhūlahurṅ se.
Ho nirogua bālak tauu soī
    tākahuṅ svapn dosn nahīṅ hoī.
Brahmacharya kari bis barīsā
    budhi ḅal mahiṅ banai avanīsā.
Nibhai ju niyam pachis pramānā
    so hovai Hanumān samānā.
Brahmacharya as bālak sājaiṅ
    Sarasvatī theiṅ jivhā rājaiṅ.
Baṇain āshu kavi ati sukh pāvaiṅ
    sut bhī Mahāvīr upjāvaiṅ.
Ved purān subhāshit vāṇī
    avasi lābh kari dekhahiṅ prāṇī.
Jo nasi vīraj bālāpan meṅ
    bhari vichār-vyabhichārahiṅ man meṅ.
Sarasvatihiṅ kahaṅ dharahiṅ na dhyānā
    nit ashlīlai gāvahiṅ gānā.
Vah bālak atishai dukh pāvaiṅ
    rog grasit havi janam gavāvaiṅ.

Svapnados tehiṅ mritak banāvai
    vīrya-kosh tan ṭikan pāvai.
Yadi puni man ko vash kari prānī
    dhyavaiṅ Sarasvatihiṅ haṭh thānī.
Chalahiṅ cheti atishai sukh pāvahiṅ
    jo na likhit upades blulavahiṅ.
Karai supūjan devihiṅ devā
    aru guru mātu pitā kī sevā.
Tāhi na vyādhi satāvahi kāyā
    jāpar Sarasvatī kī dāvā.
Yadi yah shikshā māṅ pitu devaiṅ
    banai putra lāyak sukh devaiṅ.
Jo nar paḍhahiṅ Sarasvatī chālīsā
    gunahīn aru nāvahiṅ shīshā.
Vishvamāhiṅ bal vidyā māhīṅ
    tāsoṅ jīti sake ko nāhīṅ.
Banai-mahip kavīshvar soī
    vachan siddhi nidhi-nav graha hoī.
Lekhak shakti shāstra paḍhi dekhyo
    tab yah vidyārthin hit lekhyo.
Gahat niyam sukh lahat sharīrā
    karat Shiv-raksha bani bīrā.
'Sundardās' navāvat shīshā
    mān chālīs diyo chālīsā.
Dahni dhani saras, Sarasvatī ambā
    nij jan hetu na karat vilambā.
Vānī, vīnā-vādinī mātā
    vidyā vāridhi buddhi vidhātā.
Tumahiṅ Gaṇesh sumiri jo dhyāvat
    aru Hanumaṅtahi shīsh navāvat.
Kaṭhin se kaṭhin kārya kari dāraṭ
    satya satya as veda pukārat.

## DOHA

**Nij sevak ko māṅ tmhiṅ, dīhnyo piṅgal gyān,**
**chālīs vidhi chālīsahiṅ likh, līnhyau suyash mahān.**
**Sarasvati yah chālīsā, virachit Sundardās,**
**Nitya paḍhat vidyā badhat, puran hot shubh ās.**
**Guru pitu mātu paḍhāi sut, jo yahi shikshā dehiṅ,**
**Balabudhi vidyā sumati kī, māṅ se bhikshā lehiṅ.**

## ĀRTĪ

Jai Sarasvatī mātā, jai jai he Sarasvatī mātā
Sadguṇ vaibhav shālinī, tribhuvan vikhayātā,
Jai Sarasvatī.....
Chaṅdravadani padmāsinī, dyuti maṅgalakare,
Soe shub hansa savare, atul tejdhar,
Jai Sarasvatī.....
Beaen kar meṅ vīnā, dāeṅ kar mālā,
Shīsh mukuṭ maṇi sohe, gal motiyan mālā,
Jai Sarasvatī.....
Devi sharaṇ jo āe, unkā uḍdhar kiyā,
Paiṭhi Maṅthra dāsī, Rāvan saṅhār kiyā,
Jai Sarasvatī.....
Vidyā gyān pradāyini, jag meṅ gyan prakash bharo,
Moh aur agyān timir kā jag se nāsh karo,
Jai Sarasvatī.....
Dhūp dīp phal mevā, māṅ svīkār karo,
Gyānchakshu de mātā, jag nistār karo,
Jai Sarasvatī.....
Man Sarasvati ki ārtī, jo koī jan gāve,
Hitkāri sukhkāri, gyān bhakti pāve, Jai Sarasvatī.....

## BAJRANG BAN

### DOHA

**Nishchai prem pratīt tẹ, vinai karen sanmān**
**Tehi ki kārja sakal shubh siddh karai Hanumān**

Jai Hanumant sant hitkārī
suni lījai Prabhu arja hamārī.
Jan ke kāj vlamb na kījai,
ātur dauri mahā sukh dījai.
Jaise kūdi sindhu vahi pārā,
surasā badan paithi vistārā.
Āge jāi Lankinī roka,
mārehu lāt gaī sur lokā
Jai Vibhīshan ko sukh dinha
Sita nirakhi param pad līnha
Bag ujāri sindh mah borā,
ati ātur yam kātar torā
Akshai kumār ko mār sanhārā,
lūm lapeṭ Lanka ko jārā
Lāh samān Lanka jar gaī,
Jai jai dhvani surpur men bhaī
Ab vilamb kehi kāran svāmī,
kripā karahu ur antaryāmī
Jai jai Lakshman praṇ ke dātā,
ātur hoī dukh karahu nipātā
Jai Girdhar jai jai sukh sāgar,
sūr samuh samarth bhat nāgar
Om Hanu Hanu Hanu Hanumant hathīle,
bairihi māru vajra kī kīle
Gadā Vajra lai bairihi māro,
Mahārāj Prabhu dās ubāro

Omkar hunkār Mahāvīra dhāvo,
Vajra gadā Hanu vilamb na lāvo
Om Hrim Hrim Hrim Hanumant kapīsa,
Om hun hun hun ari ur shīshā
Satya hīhu Hari sapath pāi kai,
Ramdūt dharu maru dhai kai
Jai jai jai Hanumant agādhā,
dikh pāvat jan kehi aprādhā
Pūja jap tap nem uchārā
nahin jānat haun dās tumhārā
Ban upvan mag, giri grah māhīn,
tumhare bal ham ḍarpat nāhīn
Pānya paraun kar jori manāvaun,
yah avsar ab kei gohrāvau
Uṭh uṭh chal tohi Ram dohāī
pañya paraun kar jori manāī
Om chan chan chan chan chapal chalantā
Om Hanu Hanu Hanu Hanu Hanumañtā
Om han han hānk det kapi chanchal
Om san san sahami parāne khaldal
Inhain māru tohi shapath Rām kī,
Rākhu Nāth maryādā nām kī
Janak suta Hari dās kahāvo,
tāki shapath vilamb na lāvo
Jai jai jai dhuni hot akāshā
sumirat hot dusah dukh nāshā
Sharan sharan kar jori manāvaun
yah avsar kehi gaharā baun
Jai Anjani kumār balvantā,
Shankar suvan vīr Hanumañtā
Badan karāl kāl kul ghālak
Rām sahāi sada prati palak,
Bhūt pret pishāch nishāchar
Agni vaitāl kāl māro mar

Apne jan ko turat ubaro
sumirat hoi Anand hamaro.
Ya vajrang ban jehi mare
tahi kaho phir kaun ubare
Path kare Bajrang bān kī,
Hanumat rakshā karai prān kī
Yah Bajrang bān jo jā pai,
Tāhe te bhūt pret sab kānpe
Dhūp dei aru japai hamesha,
Tāke tan nahīn rahai kaleshā.

## DOHA

**Prem prīti dharī kapi bhajai**
**sada dharai ur dhyān**
**Tehi ke kāraj sakal shub,**
**siddh karai Hanumān.**

## SANTOSHĪ MĀTĀ CHĀLĪSĀ

Jai yug-yug kī Ādi shakti,
jag meṅ prachalit hai nav bhakti
Ādi, madhya aur avasānā,
terī gati vidhi koī na jānā
Nirmal shradhā men khush hoti,
thoḍe meṅ santusht ho jātī
Kali men nām dharyo Santoshī,
agni tulya pratyaksha-vihekhī
Kalā gyān, bal, vidyā, datrī,
tum sam saral sukhadan hindhātrī
Sakal charachar tum se chalte,
bhut-pret yamdut sinhārte
Dushtia dalan sanhār kārnī,
Mātā tum Brahmāṇḍa dhārinī
Sarasvatī, Lakshmī aur Kālī,
amit shakti kī khān nirālī
Tumhāre sharaṇ gahe jo koī,
mano kāmanā pūrṇa hoi

Tum Gaṇesh ki mān kanyā
tumse dharti ho gaī dhanyā
Riddhi, siddhi, hai tumhārī mātā
maṅgalmai vardāna ke dātā
Brahmā, Vishṇu, Mahesh, Trimāyā,
us kā bal tujh meṅ hai samāyā
Sur par kanchan mukuṭ suhātā,
sundar ratnasamūh dikhātā
Madhur-manohar mukhda komal
pushpamāl aur shyāmal kuntal
Alankār sohit hain aṅg meṅ,
navya divya tan meru raṅg meṅ
Suṅdar vastra meṅ mālā rakhti,
darshak ke man vash meṅ kartī hai
Ga trilakh da dhare do hāth,
chatur bhujī ko tekahu māthā
Sanmukh amritbharī surāhī,
sāth kāmdhenu manchāhī
Svarna kalash rahtā hai āge,
bhakton ke saubhāg ya hain jāge
Tumhare bhaktibhāv jo pāve,
ajar amar jag meṅ ho jāve
Namo namo, jagtāran hārī,
dukh dāridra tāro mahtārī
Shukravār din ati anukūta,
Santoshī vrata mangalmūlā
Bahuvidhi māt kī pūjā kar,
Santoshi kī kathā sharavan̄ kar
Guḍ aur chanā prasād chaḍhave,
nirhār ek jūn manāve
Sāvadhān us din yah rakkhe,
bhūl se khaṭṭa deve na chakhe
Nahīn to mātu kupitu ho jātī,
bansh sahit santān nasātī

Shukravar solah vrat rākhe,
udyā pan-utsāh se manāve
Phir to ichchhā puran hoī,
mātu kripā se de na hoī
Adbhut devī chamatkāriṇi
pal meṅ chintā pīḍhā harinī
Jāpar kripā mātu kī hoī,
jīt sake nā usko koī
Dhanvivek sukhshāntī prādayinī,
is yug ki navprāṇ vidhāyinī
Tum sam devi kou nāhin,
dekh liyā main Tribhuvan māhīn
Dukh āti pāī bahū bichārī,
pāti vyog kī vah dukhyārī
Nāriyal-khopar pīkar pānī,
bhus kīroti khāl abhāginī
Santoshī kā vrat jo kīnhīn,
pati sait vaibhav pā līnhā
Pīḍā, chintā kātahu marta,
ashtsiddhi navanidhi kī dātā
Santoshī upvās kare jo,
sukh sampati kā bhog kare vo
Vahān vahān sab thaur samāī,
tumhārī mahimā kahī na jāī
Man vānchhit var pāvai kvārī,
pāin suhāg sadhvā sannārī
Sukh dhan jan sab manokāmnā,
pūrna hogī satya jānanā
Pāth savā sau karai jo koī,
mitai kashṭ sukh-sampati hoi.

## DOHA

**Santoshī sankat haran, he chamtkār kī mūrti**
**Grah bādhā ko dūr kar, karo kamnā pūrti**

# ĀRTĪ

Jai Santoshī mātā, maya Jai Santoshī mātā,
Apne sevak jan kī, sukh sampati data, Jai Santoshī mātā,
Suṅdar chīr sunahrī, mān dhāran kīnhon,
Hīrā Panā damke, tan shringār liyo, Jai Santoshī mātā,
Gerū lāl chhatā chhavi, badaṅ kamal sohe
Mand hansa karūnāmayi, Tribhuvan man mohe, Jai .....
Svarṇa sinhāsan baithī chanvar dhure pyāre,
dhūp, dīp, madhu mevā, bhog dhare nyāre, Jai.....
Gud aur chanā param priya, tāmen santosh kiyo,
Santoshī kahlāī, bhaktan vaibhav diyo, Jai.....
Shukravar priya mānat, āj divas sohī,
Bhakti maṇdalī chhāī, kathā sunat mohī, Jai.....
Mandir jag mag jyoti, mangal dhvani chhāī,
Vinai kare tere bālak, charnan sir nāī, Jai.....
Bhakti bhāvmai pūjā angīkrit kījai,
Jo man vasai hamāre ichhā phal dījai, Jai.....
Dukhī, daridri rogī, sankat mukti kiye,
Bahu dhan dhānya bhare ghar sukh saubhāgya, diya, Jai.....
Dhyān dharo jan tero manvānchhit phal pāyo,
Pūjā kathā shravaṇ kar ghar ānand āyo, Jai.....
Sharan gahe kī, lajā rakhiyo Jagdambe,
Sankat tū hī nivāre, dayāmayī Ambe, Jai.....
Santoshī māṅ kī ārtī, jo koī jan gāvai,
Riddhi-Siddhi sukh sampati, jī bhar ke pāvai,
Jai Santoshī mātā,

# GANGĀ CHĀLĪSĀ

## DOHA

**Jai jai jai jag pāvanī, jaati devasari Ganga,**
**Jai Shiv jatā nivāsinī, anupam tung taranga**

Jai jai janani harana agh khānī
ānand karani Ganga Mahārānī
Jai Bhagīrath surasuri mātā
kalimal mūl dalani nikhyātā
Jai jai jahanu sutā agh hanan
Bhīshma kī mātā jaga jananī
Dhaval kamal dal sam tanu sāje
lakhi shat sharad chandra chhavi lājai
Vāhan makar vimal shuchi sohain
amiya kalash kar lakhi man mohain
Jaḍita ratna kanchan ābhūshaṇ
hiya mani hār haraṇitam dūshan
Jag pāvani traya tāp nasāvani
taral tarang tūnga mana bhavani
Jo Ganapāti ati pūjya pradhāna
tihun te pratham Ganga asnāna
Brahma kamaṇḍal vāsini devī
Shrī Prabhu pad pankaj sukh sevī
Sāthi sahastra Sagar sut tāryo
Gangā sāgar tīrth dhāryo
Agam tarang uṭhyo man bhāvan
lakhi tīrth Haridvar suhāvan
Tirth ra prayag Akshaiveta
dharyo mātu puni kāshī karvaṭ
Dhani dhani surasari svarga kī sidhi
tārani amita pitū pad pirhi

Bhāgīrathi tap kiyo upara
  diyo Brahma tava surasur dhara.
Jabam jag jagani chalyo haharāī
  Shambū jaṭā mahon raḥyo samai
Barsha paryant Ganga Mahārānī
  rahān shambhu ke jatā bhulānī
Puni Bhagīrathi shambhuhin dhayayo
  taba, ka bund jatā se pāyo
Tāte mātu bhaīn traya dhārā
  mrityu lok, naba aru pātārā
Gaīn pātāl Prabhavati, nāmā
  Mandākinī gaīn gagan lelāmā
Mrityu lok jahnavī suhavani
  kalimal haraṇi agam jag pā vani
Dhani maiyā tab mahimā bhārī
  dharma dhurī kali kalush kuthārī
Mātu Prabhāvati Dhani Mandākinī
  dhanidhani deva sarit baināsinī
Pān karat nirmal Gangā jal
  pāvat man ichchhit anant phal
Pūrva janma punya java jāgat
  tabahin dhyān Gangā mahan lāgat
Jai pagu sursari het uthāvahi
  tai jagi ashva megha phal pāvahi
Mahā patit jin kahu na tāre
  tin tāre ik nām tiḥare
Shat yojanahūn se jo dhyāvahin
  nishchai vishṇu lok pad pāvahin
Nām bhajat agaṇit agh nā shai
  vimal gyān bal budhi prakāshai
Jimi dhan mūla dharma aru dānā
  dharma mūla Ganga jal pāna
Tab guṇ guṇan karat dukh bhājat
  griha griha smapati sumati virājat

Gaṇgahi nem sahit nit dhyāvat
  darja nahūn sajjan pad pāvat
Buddihīn vidhyā bal pāvai
  rogī rog mukta hvai jāvai
Gangā Gangā jo nara kahahīn
  bhūkha nanyā kabhuhūṅ na rahahi
Nikasat hī mulh Ganga māī
  Avaṇa dābi Yama chalahin parāī
Mahān aghin adhman kahan tāre
  bhae narka ke bande kivaren
Jo nar japai Gangā shat nātā
  sakal siddhi pūran hvai kāmā
Sab sukh bhog param pad pāvahin
  āvāgaman rahit hvai jāvahin
Dhani maiyā surasari sukhdainī
  dhani dhani tīrath rāj Triveṇī
Kakarā grām rishi Durvāsā
  Sundardās Gang kar dāsā
Jo yah padhe Gangā chālīsā
  milai bhakti aviral vāgīsā

## DOHA

**Nit nav sukh sampati lahain**
  **dharen gangea kā dhyan**
**Anta samai sur pur basai**
  **sādar baithi vimān**
**Samvat bhuj nabh gagan dishi**
  **Ram janma din chaitra**
**Pūran chālīsā kiyo**
  **Hari bhaktan hit naitra**

# ĀRTĪ

Ārtī gangā maiyā, mān jai sursari maiya
Bhav-vāridhi-uddharinī atihi sudradh naiyā, mān Jai.....
Hari pada-padam-prasūtā vimal vāridhārā,
Brahmadeva Bhāgīrathi shuchi punyāgārā, mān Jai.....
Shankar-jatā-vihārini, hāriṇī trya tāpa,
Sagar-putra-gana-tāriṇī, harani sakal pāpāi mān Jai.....
Gangā Gangā jo jana uchchārat mukha son,
Dūr desh man sthit bhī turat tarat sukh son, mān Jai.....
Mrit kī asthi tanik tuv jal dhārā pāvai,
So jan pāvan hokar param dhām javai, mān Jai.....
Tav tatvāsī taruvar, jal tal char prānī,
Pakshī-pashu-patang gati pāvai nirvāṇī, mān Jai.....
Matu, dayā mai kījal dinan par dāya
Prabhu pad padma milākar Hari lījai māyā, mān Jai.....

## SHRĪ SHANI CHĀLĪSĀ
### DOHA

**Shrī shanishchor devji sunhu shravan man ter**
**Koti vighannashak prabho kro na mam hit der**

Jai shrī shanidev mahārājā
Jai krishnā Gaurī sir tājā
        Surya sut chhāyā ke naṅdan
        mahābalī tum asur nikaṅdan
Piṅgal maṅd roudra shani bhāmā
Karhun jan ke pūraṇ kāmā
        Syām varan haig aṅg tumhārā
        krūe drashti tan krodh apārā
Krīt mukut kuṇdal chhavi chhāvi
gal muktan kī māl birāje
        hāth kuthār dushtaan ko māran
        chakra trishūl chaturbhuj dhāran
Parvat rāi tulya kulya karo tum
tink ke sir shatra dharo tum
        jo jan tumse dhyān lagāvai
        manvāṅchhit phal shīgart pāvai
jā per kripā aapkī hoi
Jo phal chāhāi milihai soī

jā per kop kathin tum tānā
uskā nahiṅ phir lagat thikānā
sāṅche dev aap hī svāmī
Ghat-ghat vāsī anteryāmī
Dasarth nrup ke uper āye
Shrī Raghunāyak vipin pathāye
Rākshas hāth Siyā harvāī
Lakshaman ūper shakti chalāī
itnā dukh Rām ko dīnhā
nāsh Laṅkpati kul kā kīnhā
Chetak tumne sabhiṅ dikhāye
Balshālī bhūp chor banāye
jisani chotā tumhiṅ batāyā
Rājpāt sub dhūl milāyā
hāth pāv tum diye katāī
pāt teliyā kī hakvāī
phir suminar tumharā un kīyā
diya hāth pari rājī kar dīyā
yugal byāh uske karvāye
shor nagar sabre meṅ chhāye
jo koi tumko burā batāve
so nar sukh sapne nahiṅ pāve
dashā aapkī sub per aave
phal shubh shīgart dikhalāve
tīnhun lok tumhaiṅ sir nāvaiṅ
Bhahmā Vishnu mahesh manāvaiṅ
Līlā adbhut nāth tumhārī
nish din dhyān dharat narnārī
kahāṅ tak tumharī karūṅ baḍhāī
Laṅk bhasm chhinn mahi karvāī
jin sumire tin shoubh phal chhākhā
kab tak tark baḍhāūṅ shākhā
dayā hot hī karthu nihālā
teḍhī darshti he katin karālā

Nau vāhan haiṅ nāth tumhāre
gardabh ashva aur gai pyāre
megh sing jambuk man mānā
kāk marg mayūr haṅs pahchānā
gardabh chaḍhi jis per tum aao
mān bhang uskā karvāo
chaḍh ghoḍe tum jis per aao
us nar ko dhan lābh kārao
Hāthi ke vāhan sukh bhārī
sarve siddhi pāval nar nārī
jo mainḍhā ke vāhan gājou
rog manush ke tan meṅ sājou
jambuk vāhan chaḍhe padhārou
tā nar se hoy yudha karāro
aao sinh chaḍhe jie ūper
dhusman uskā rahaj na bhū per
jisko kāg savāri prero
ushko aap kāi mukh gero
Mor chaḍhe rāni jo chīnhī
dhan vaibhav usk bahu dīṅhī
haṅs savāri jis per aavat
nar ko ānand dikhāvat
jāper kripā karo tum dev
tāper kripā kaiṅ sub dev
je-je-je shanidev dayālū
kripā dās per karahu kripālū
yah das bār parth jo karte
kaatai dukh sukh nisdin baḍhte

## DOHA

**Jayati jayati ravitanay prabhu**
**harau sakal brahm shul**
**jan kī rakshā kījiye**
**sadā rahau anukūl**

## SHRĪ BAIRAV CHĀLĪSĀ

### DOHA

**Shrī bairav saṅkat haran maṅgal karan kripālu**
**Karahun nij dās pai,nisidin dīndayālu**

Jay damarūdhar nayan vishālā
shyām varan vapu mahā karālā
Jay trishūldhar jai damrūdhar
kāshī kotvāl saṅkathar
jay girijāsut param kripālā
saṅkat haran harahu brahmjālā
jayati batuk Bhairav bhayhārī
jayati Kālbhairav baldhārī
Ashat rūp tumhare sab gāve
sakal ek te ek savāye
Shivswarūp Shiv ke anugāmī
gaṅādhīsh tum sabke svāmī
Jatājūt per mukut suhāve
Bhālchaṅdra ati shobhā pāvai
kati kardhanī ghuṅgharū bāje
dharshan karat sakal bhay bhāje
kar trishūl dmurū atisuṅdar
Morpaṅkh ko chaṅver manohar
khapper khaḍag liya balvānā
rūp chaterbhuj nāth bakhānā
vāhan shwān sadā sukhrāsī
tum anaṅt prabhu tum avināsī
Jay Jay Jay Bhairaw bhay bhaṅjan
Jay kripālu bhaktan man raṅjan
ek hast meṅ khapper rākhat
duje hāth damrū ati shobhat

tīje hast trishūl dharte ho
Chouthe brahmā mastak rkhate ho
Nayan vishāl lāl ati bhārī
raktavarn tum ahahu purarī
Baṁ baṁ baṁ bolat dinrātī
Shiv kahaṁ bhajhu asur ārātī
ekrūp tum shaṁbhu kahāye
dūje Baiav rūp banāye
sevak tumhiṅ tumhiṅ prabhu svāmī
sab jag ke tum anteryāmi
raktavarṅ vapu ahahi tumhārā
shyāmvarn kahuṅ hoi prachārā
shwetarn puni kahā bakhānī
tīn varn tumhre guṅkhānī
tīn nayan prabhu param suhāvaahiṅ
Surnaramuni sub dhyān lagavahiṅ
vyāgarchamdhar tum jag svāmī
pretnāth tum purn akāmī
shobhā tan kī kahī na jāye
bhakt man vānchhit phal pāvai
chakranāth nakulesh Prachaṅdā
nimish digaṁbar kīrti chaṅdā
krodhvatsa bhūtesh kāldhar
chakratuṅd dashbāhu vyāldhar
ahahiṅ koti prabhu nām tumhāre
japat sadā metat dukh bhāre
chauṅsth yoginī saṅgā,
krodhvān tum ati ranraṅgā
Bhutnāth tum param punītā
tum bhavishya tum hī ho atītā
vartmān tumharo shuchi rūpā
kāljayī tum param anūpā
elādi ko saṅkat tāryo,
sād bhakt ko kāraj sāryo

kālī putra kahāvahu nāthā
tum charṅan nāvhuṅ nit māthā
Shrī Krodhesh kripā vistārahu
dīn jāni mohi pār utārahu
Bhavsāgar būḍhat dinriātī
hohu kripālu dusht arāti
sevak jāni kripā prabhu kīje
mohi bhagati apnī ab dīje
karahu sadā Bhairav kī sevā
tum samān dūjo nahīṅ devā
Ashvanāth tum param manohar
dushtan prabhu ahahu bhayaṅkar
tumharo dās jahāṅ jo hoi ta hoi
tā per saṅket paaj na koi
harhu nāth ṭum jan kī pīrā
tum samān prabhu ko balvīrā
Sub aprādh kshamā kari dīje
dīn jāni aapun mohiṅ kīje
jo yah pāth kare chālīsā
tāpe kripā karahu jagdīshā

**DOHA:**

**Jai bhairav jai bhūpati**
**jai jai sukhkand**
**karahu kripā nit dās pe**
**dehu sadā ānand**

## SHRĪ VAISHNO DEVI CHĀLĪSĀ

**DOHA:**

**Garud vāhinī vaishṇavī trikutā parvat dhām**
**Kālī Lakshmī, Sarasvtī, shakti tumhaiṅ pranām**

Namo namo vaishṅo vardānī
Kali kāl meṅ shubh kalyānī
        maṅi parvat per jyoti tumhārī
        pindī rūp meṅ ho avtārī
Devī devtā aṅsh diyo hain
Ratnākar ghar jaṅm liyo hain
        karī tapasyā Rām ko paūṅ
        Tretā kī shakti kahlāu
Kahā Rām maṅi parvat jāo
kaliyug kī devī kahlāo
        Vishnu rūp se kalkī bankar
        lūṅgā shakti rūp badalkar
tab tak trikutā ghātī jāo
guphā aṅdherī jākar pāvo
        Kālī Lakshmī Sarasvatī mā
        karengī proshan Pārvtī mā
Brahmā Vishnu, Shanker dvāre
Hanumat Bhairo praharī pyāre
        Riddhi siddhi chanvar dhulāvaiṅ
        kaliyug vāsī pūjan āvain

Pān supārī dhavjā nāriyal
charnāmrit charno kā nirmal
    diyā phalit vr mā muskāī
    karan tapasyā-parvat āaī
kali-kāl kī bhaḍkī jwālā
ek din apnā rūp nikālā
    Kanṅya ban nagroā āaī
    yogī Bhairo diyā dikhāī
rūp dekh suṅder lalchāyā
pīchhe-pīchhe bhāgā āyā
    kaṅyāo ke sāth malī mā
    kaul-kaṅdolī tabhī chalī mā
devī māī darshan dīnā
pavaṅ rūp ho gaī pravīnā
    Navrātro meṅ līlā rachāī
    bhakt shrīdhar ke ghar āaī
yogin ko bhandārā dīnā
sabne ruchikar bhojan kīnhā
    Māṅse madirā Bharo māṅgī
    rūp pawan kar ichhā tyāgī
bāṇ mār ar Gaṅgā nikalī
parvat bhāgī ho matvālī
    charaṅ rakha āa ek shilā jab
    charan-pādukā nām padā tab
pīchhe Bhairo thā balkārī
chhotī guphā meṅ jāye padhārī
    Nau māh tak kiyā nivāsā
    chalī phodkar kiyā prakāshā
Ādhyā shakti brahṁā kumārī
Kahlāī mā ādi kuṅvārī
    guphā dwār pahuchī muskāī
    lāṅgur vīr ne āgyā pāī
bhāgā-bhāgā Bhairo āyā
rakshā hit nij shastra chalāyā

padā shīsh jā parvat ūper,
kiyā kshamā jā diyā use var
apne saṅg men pujvāūṅgī
Bhairo ghātī banvāūṅgī
pahale merā darshan hogā
pīchhe terā sumiran hogā
baith gaī mā piṅdī hokar
charṅo meṅ bahatā jal jhar jar
chousath yoginī Bhairo bāvaṅ
Sapitrishi aa karte sumran
ghantā dhavani parvat per bāje
guphā niralī sundār lāge
bhakt shrīdhar pūjan kīnā
bhakti sevā kā ver līnā
sevak dhyānū tumko dhyāyā
dhvjā va cholā aan chadāyā
sinh sadā dar pahrā detā
paṅjā sher kā dukh her letā
jambū dvīp mahārāj manāyā
ser sone ka chhatra chaḍāyā
hīre kī mūrat saṅg pyārī
jage akhand ek jot tumhāri
Ashvin chetra navrāte aaūṅ
pindī rānī darṣhan pāūṅ
sevak terā sharan tihārī
haro vaishno vipat hamārī

## DOHA

Kaliyug men mahimā terī
hain mā aprampār
hāni dharm kī ho rahī
pragat ho avatār

## SHRĪ SHĪTALĀMĀTĀ CHĀLĪSĀ

### DOHA

**Jai jai mātā shītalā tumhi dhare dhayān**
**hoi vimal shītal hharday viksai buddhi bal gyān**
**ghat ghatvāsī shītalā shītal prabhā tumhār**
**Shītal chhaiyā men jhuaī mahayā palnā dār**

Jai Jaì Jai Shītalā Bhavānī
Jai Jaghanini sakal guṅkhānī
grah grah shakti tumhārī rājit
pūran Sharadchaṅdra samsājijt
visphotak se jalat sharīrā
shītal karat harat sub pīrā
mātu shītalā tab shubhnāmā
sabake ghāḍhe āvahiṅ kāmā
shokharī shaṅkrī Bhavānī
bāl prāṅrakshī sukh dānī
shuchi mārjanī kalash kar rājai,
mastak tej surya sum rājai
sousth yogini sang men gāvai
Vīnā tāl mradaṅg bajāvai
Nratya nāth Bhairo dikhrāve
sahas shesh Shiv pār na pāvai
dhaṅya dhaṅya dhātrī mahārānī
surnar muni tav suyash bakhānī
jwālā rūp mahā balkārī
daitva ek visphotak bhārī
ghar ghar pravishat koī na rakshat
rog rup dhari balak bhakshat
hāhākar machhyo jag bhārī
sakyo na jab koi sanket tārī

tab maiyā dhaari adbhut rūpā
kar men liye mārajanī sūpā
visphotahin pakaḍi kar līnho
musal prahār bahu vidhi kīnho
bahu prakār vah vintī kīnḥā
maiyā nahīn bhal maiṅ kachhu chīnhā
ab nahin mātu kāhu grah jaihauṅ
jahṅ apvitra vahīn ghar rahihauṅ
pūjan pāth mātu jab karithaiṅ
hoi ānand sakal dukh rahihaṅ
bhabhakat tan shītal hvai jaihaiṅ
visphotak bhay ghor nasaihaiṅ
Shrī shatalhiṅ bhaje kalyānā
vachan satya bhāshe bhagvānā
visphoak bhay jihi grah bhāī
bhaji devī kahan yahī upāī
kalsh Shītalā ko sajāvāve
divj se vidhivat pātt karāve
tumhīn Shītalā jag kī mātā
tumhīn pitā jag kī sukhadātā
tumhīn jagdhātrī sukh sevī
namo namāmi Shītale devī
namo sukharanī dukharanī
namo nam jagtārani tarnī
namo namo trailokya vandinī
dukhdāridrādik nikandanī
Shrī Shītalā Sheḍalā Mahalā
runalīhyakī mātu maṅdalā
ho tum digambar tanu dhārī
shobhit panchām asabārī
sumirta saṅg Shītalā māī
jāhi sakal dukh dūr parāī
Galkā Galgaṅdādi juhoī
tākar maṅtra na aoushadhi koī

ek mātu jī kā ārādhan
aur nahiṅ koī hai sādhan
nishchay mātu sharan jo āvai
nirbhaly man ichhit phal pāvai
koḍī nirmal kāyā dhārai
andhā drug nij dhrasti niharai
baṅdhyā nāri putra ko pāvai
janam daridra dhani hoī jāvai
mātu Shītala ke gumn gāvat
lakhā mūk ko chhaṅd banāvat
yāme koi kare nahiṅ shaṅkā
Jag men mayā kā hī daṅkā
bhanat 'Rāmsundar' prabhudāsā
tat prayāg se pūrab pāsā
purā tiwarī mor nivāsā
kakrā Gangā tat Durvāsā
ab vilamb maiṅ mohi pukārat
mātu kripā ko bāt nithārat
paḍā dvar tab aas lagāī
rakshā karhu Shītalā māī

## DOHA

Mātā kā dhar dhyān jo
paḍhe sune aur gāye
Tāper mātā Shītalā
rahtī sadā sahāy

# SHRĪ NAVGARH CHĀLĪSĀ

## DOHA

**Shrī Ganpati gurūpad kamal prem sahit shri nāy**
**Nav-grah chālīsā kahat shārad hou sahāy**

Pratnmahiṅ Ravi kahauṅ nāvaun-māthā
Karhu kripā jan jāni anāthā
        he Adītyā Divākar Bhānū
        maiṅ mati mand mahā agyānū
ab nij jan kahauṅ harhu kaleshā
Dinkar dvādash rūp Dineshā
        namo Bhāskar Surya Prabhākar
        ark mitra adh aodh chhmākar
Shashi Mayank Rajanīpati svāmī
Chandr kalānidhi namo namāmī
        Rākāpati Himānshu rākeshā
        Pranvat jain nij harhu kaleshā
Som Indu vidhu shānti sudhākar
shīt rashi aoushdhī nishākar
        tumhiṅ shobhit bhāl Maheshā
        sharam sharam jan harhu kalshā
Jai Jai Jai maṅgal sukhadātā
lohit bhoumādik vikhyātā
        aṅgārak karhu rūj ranhārī
        dayā karhu yahi vinay hanmārī
he mahisut chhaitsut sukhāsī
lohitāng jag jan adhnāsī
        agam amaṅgal men her līje
        sakaal manorth pūran kīje
Jai shashinaṅdan budhs mahārājā
karhu sakal jan ke shubh kājā
        dije budhi sumait bal gyānā
        kathin kasht hari kari kalyānā

he tārāsut rohini nahdan
chandra suvan dukh dūri nikahdan
    pujhu aas dās kahuṅ svāmī
    paṇat pāl prabhu namo namāmī
Jayati jayati jai shrī gurū devā
karūṅ sadā tumharī prabhu sevā
    devāchārya dev gurū gyānī
    Indra purohit vidhyā dānī
vāchaspati vāgīs udārā
he prabhu brahapati nām tumhārā
    vidhyā sindhu aṅgirā nāmā
    karhu sakal vidi pūraṇ kāmā
shukadev tav pad jai jātā
dās nirahtar dhyān lagātā
    he ushanā bhāragav bhrugunahdan,
    daitya purohit dusht nikahdan
bhrugukal bhūhan dūshaṇ hārī
harhu nesht garh karhu sukhari
    tuhi paṇdit joshī dvijrājā
    tumhare rahat sahat sub kājā
Jai shrī shani dev rvi nahdan
Jai krishane souri jagvaṇdan
    pingal mand roundra yam nāmā
    vadhru aadi koṇashthal lāmā
bakra dhrashti pippal tan sājā
chhan mahun karat rank ko rājā
    latat swarn pad karat nihālā
    karhu vijay chhāyā ke lālā
Jai Jai rāhu gagan pravisaiyā
tumhī chandrāditya grasaiyā
    ravi shashi ari savahānū thārā
    shikhī ādī bahu nām tumhārā
saihinkey nishācher rājā
ardhakāy tum rākhahu lājā

yadi garh samy a pāp khun ābahu
sadā shānti rahi sukh upjāvahu
Jai Jai ketu kathin dukhhārī
nij jan hetu sumangalkārī
dvjyut rund rup vikrala
ghor round tan adh man kālā
shikī tarikā hgath balvānā
mahā pratāb na tej thikānā
vān mīn mahā shubhkārī
dījai shānti dayā ur dhārī
tīrathāj prayāg supāsā
basai Rām ke suṅdar dāsā
kakrā grāmhiṅ 'pure-tiwarī'
durvāsāsvan jan dukh hārī
nav-garh shānti likhyi sutū
jan tan kasht utāran setū
jo nit pāth kai chit lāvai
sub sukh bhogi param pad pāvai

## DOHA

**dhanya navgarh devprbhu**
**mahimā agam apār**
**nit nav mangal mod garh**
**jagat janan sukhdhār**

# SHRĪ SURYADEV CHĀLĪSĀ

## DOHA

**Jai dinkar jai divākar dīn dayālu dinesh**
**Jai jagpālak prabhākar kīje haran kalesh**

Jayati suryanārāyan svāmī
Karhum anugham anterayāmī
agam kāntidhar gagan bihārī
anupam jyoit kalā chhavi nyārī
yug sahastra yojan tunrāje
māthe kanak mukut maṇi sāji
kuṅdal kalat kapolan shoe
jihi lakhi tej tejiper mohe
shatdash svet varan hay nādhe
arun sārthī raukar hay sādhe
nau lakas yojan rath choudāī
jo chhattīs lakas lambāī
Ratanjaḍit rath per prabhu rājit
jin gati dekh chanchlā lājit
nau karoḍ ekyāvan lākhā
prikama ravi kī shruti bhākhā
aganit daitaly nitya saṅharain
nij bhaktan ke kasht nivarain
uday host nishitam agh bhāje
jayati jayati jai dankā bāje
dhani dhani bhānu rūp bhagvānā
tav mahimā pratyaksh bakhānā
agam pratāb atul baldhārī
mahimā varnat hain tripuārī
sunhu Umā shubh charit dineshā,
sakal haran jan kasht kaleshā
kushati varan jehike tan hoī
ravi per dhyān dhare yadi soī

brat biun lon karaj raviārā
brahcarya yut dhāri vichārā
dvij san reviker sunaj purānā
pūjan kare rākhi ur dhyānā
havan kārai dhare man dhīrā
soi bhasm le male sharīrā
nishaay chhūtal kuhtal kaleashā
aisse dīn dayāl dineshā
anuhau prabhu maham dhyān lagāvai
nishchy diva dhrasht ko pāvai
jo nischay kar prem pratītī
nish din ravi pr dhārai prītī
ravi din prem sahit chītaī
sūrya purāṇ sunai sukhdāī
kare nem dvādash ravivārā
rahai namak binu ek ahārā
karaj shayan kush kās chatāī
harshit sadā sūrya guṇ gāī
jo as prabhu maham dhyān lagāvai
baṇdhyahu nāri putra sukh pāvai
kah Shiv saṅasy karai na koī
satya bachan mam vrathā na hoī
jai hit lagī prem ras bānī
suni as Gauri hruday harshānī
dhaṅya dhaṅya sūraj adhnāshī
dīn dayānidhi maṅgal rāshī
mahā agin kahaṅ tāran vāle
Nārad shāp nivāraṇ vāle
ṣatrājit ke mān rakhiyā
maṇi te sevaṇ meh vershaiyā
prāt rūp dhare chaturānan
rāje Vishṇu rūp madhyāṅan
Shambhu rūp dhari sāyankālā
tribhvan māhiṅ karai pratipālā

varsh bīch puni bārah nāınā
dhari bhaktion kar pujahiṅ kāmā
shat rtudin tithi varsh mahīnā
palak muhurt tumhaiṅ ādhīnā
Khag Mrug jīv jantu nar nārī
dhan garjai nabh varsht bārī
varsh latādik prabhu tav jānat
·phūlat phalat jharat puni jāmat
chandrādik navgarh nabh tāre
ye sub turmhain nāth sahāre
dhanya Sūray nārāyan svāmī
divya drushti dei anteryāmī
karhu begi ab pūran āshā
hoi hrunday man gyān prakāshā
Sūray chālīsā prem se gāve
mastak bārmbār navāve
sakal padārath so nar pāvai
dukhi-daridra jad se kat jāve

## DOHA

**Ravi chālīsā prem yut**
**pāth karai dhari dhāyn**
**sukh sampati āyu badhai**
**hoi sadā kalyān**

# SHRĪ GAYATRĪ CHĀLĪSĀ

## DOHA

**Jayāti jayāti Ambe jayāti, yag Gāyatrī Devī**
**Brahma gyān dhārani hrdaya, ādi shakti surasevi**

Jayāti jayāti Gāyatrī Ambā,
Kātahu kasht na karhu vilambā
Tab dhyāvat vidhi Vishnu Maheshā,
lahat agam sukh shānti hameshā
Tūhī Brahma gyān urdhārinī,
jagtārṇi magmukti prasārinī
Jan tan sankat nasani hārī
haraṇi pishāch pret dai tārī
Mangal modbharni bhajna sani
ghaṭ ghaṭ vāsini buddhi prakasin
Pūran gyān ratna kī khānī,
sakal siddhi dānī kalyānī
Shanbhu netra niti nirat karaiya,
bhavbhai dāruna darap haraiyā
Sarva kām krodhadik māyā,
mamtā matsar moh adāyā
Agam anishthaharan mahashaktī
sahaj bharaṇ bhaktan urbhaktī
Om rūp kali kalashu vibhanjani
bhūrbhuvah svah svatah niranjan
Shabda 'tatsa vatu' hansa sāvārī
aru vairanyan Brahmadulārī
Bhargo-jan tanu kalesh nashāvan,
prem sahit devasa ju dhyāvat
Dhamaki-dhir dharat urmāhī
dhiyo-buddibalaa vimal suhahīn

Yonahnit navambhakti prakāshan,
prāchodayātah punj aghanāshan
Akshar-akshar mahan guna rūpā.
agam apār scharit anūpā
Jo gun shantra na tumharo jānā,
shabda arth jo sunān nānā
So nar durlabh as tan pābat,
pāpas gahatan kanakabanāvat
Javalagi brahmā kripā nahin terī
rahahi tabahilagi gyān kī derī
Prākriti Brahma shakti bahuterī
mahā 'vyātriti' nām ghanerī
Om tatva nirgunjag jānā,
bhūh mahī rūp chaturdal mānā
Bhurvah-bhuvan pālan shuchikārī
svah-akshā solah dal dhārī
Ta-vidhirūpajan palanhari
tsa-rasa rūp Brahma sukhkārī
Vi-rachit gandha shishir sanyuktā,
tu ramit ghat-ghatajī-vanmuktā
Vr-nata shabda sū vigrah kāraṇ
re svasarīr tatvayut dhāran
Nyam-sarvatra supālan kartā
bhavan bīch mud mangal bhartā
Go-sanyukta gandh abināshī
de tan buddhi bachan sukhrāsī
Va-sat Brahma yugavahu svarūpā,
sva-tanu lasat hatdal anurūpā
Dhī-januprakrti shabda nit kāran
Ma-nit Brahmarūpini nitdhāraṇ
Hi-jahi sarva para Brahma prakanina,
dhyo-buddhi balavidya vasina
Yo-sarvatra lasat thal jal nidhi,
nah nit tej punj jaga vahu vidhi

Pra-bala anilkāyā nit kāran
cho-pari pūrna shrī shivdhāran
Da-man karatiagha pragatini shakti
yāt-gyān prabishan hari bhaktī
Jayāti-jayāti jaya-jaya jagadhatrī
jaya-jaya maha mentra ga jatrī
Tūhī Shrīrām Radhika Sīta
tuhī shrī Krishna mukhar Sītā-Gītā
Ādishakti tuhibhakti Bhavānī,
jagata janani phalabanchit dānī
Tuhū shrī Durga Durgānāshinī
umā Ramā baikunth vāsinī
Tuhī shrī Bhaktī Bhairavī dānī
tumhī mālu Mangalā mri dānī
Jete mantra jagat ke mahīn,
par Gāyatrī sam koī nahīn
Jahi Brahma hatyādik lāgai
Gāyatrihi japson anghabhā gai
Dhani ho dhanitrai lokyavandinī
jayaho jayo shrī Bhramanandinī

## DOHA

**Shrī Gāyatrī chālīsā,**
**pāth karai sānand**
**Sahaj tarai pātak harai,**
**parai na puni bhava phandi**
**Bas hoi grah Lakshmī,**
**gahi mana vānchhit āsa,**
**Āsa purān lahi sakal vidhi**
**virchyo Sundardasa**

## ARTI

Ārti Shrī Gāyatrī ji kī
Gyān ko dīp aur shraddha kī bātī
So bhakti hī purti karai jahan ghīkī, ārtī...
Mānas kī shuchi thāl ke ūpar,
Devī kī joti jagai jahnīkī, ārtī...
Shudhi manorath ke jahān ghanṭā
Bājai karain āsahu hī kī, ārtī...
Jake samaksh hamen tihun lok kai,
Gaddī milai tabahu lagai phīkī, ārtī...
Ārtī prem son nem son kari,
Dhyavahin mūrti Bṛahma lalī ki, ārtī...
Sankat āvai na pās kabau tinhen,
Sampadā aur sukh kī banai, līkī, ārtī...

ओ३म् भूर्भुवः स्वः। तत्सवितुवरिण्यं भर्गो देवस्य धीमहि।
धियो यो नंः प्रचोदयात्।।

भूः। भुवः। स्वः।
तत्। सवितु वरेण्यम्। भर्गः। दवेस्य। धीमहि। धियः। यः।
नः। प्र ऽ चोदयात्।

OM Bhr-Bhuva-Svah.
Tat savitur varenyam bhargo devasya dhīmahi.
Dhiyo yo nah pracodayāt.

O Lotd, my Being, Becoming and Bliss, May we imbibe in ourselves the choicest effulgence of Thee, the divine Impeller, that He evokes our intellects.

*[Dedication]*

## 1

**ओ३म् विश्वानि देव सवितर्दुरितानि परा। सुव।**
**यद् भद्रं तन्न आ सुव।।**

विश्वानि। देव। सवितः। दुः ऽ इतनि। परा। सुव। यत्।
भद्रम्। तत्। नः। आ। सुव।।

Remove from us, O divine impeller, all the ills and evils and bestow upon us that what is good and beneficial.

## 2

**हिरण्यगर्भः समवर्त्तताग्रे भूतस्य जातः पतिरेक आसीत।**
**स दाधार पृथिवीं द्यामुतेमा कस्मैं देवरस हविषा विधेम।।**

हिरण्य ऽ गर्भः। सम्। अवर्तत्। अग्रे। भूतस्य। जातः। पतिः।
एकः। आसीत्।
सः। दधार। पृथिवीम्। द्याम्। उत। इमाम्। कस्मै। देवाय।
सविता। विधेम।।

The sustainer Lord of illuming celestical cosmos has been present from the very beginning. He has every been the sole Lord of all created beings; He upholds this earth and heaven. Whom else, besides that giver of happiness, can we offer all our devotion?

## 3

**य आत्मदा बंलदा यस्य विश्व उपासते प्रशिषं यस्यं देवाः।।**
**यस्यं च्छायाऽमृत यस्य मृत्युः कस्मैं देवाय हव्रिषां विधेम।।**

यः। आत्म ऽ दाः। बल ऽ दा। यस्य। विश्वे। उप ऽ आसते।
प्र ऽ शिषम्। यस्य। देवाः।
यस्य। छाया। अमृतम्। यस्य। मृत्युः। कस्मै। देवाय।
हविषा। विधेम।।

His is the giver of strength, spiritual and physical as well; His commands all beings, the enlightened ones obey; under His shadow alone one enjoys immortality and death as well; Whom else, besides that giver of happiness can be offer all our devotion?

**4**

**यः प्रांणतो निंमिषतो मडित्वैक इद्राजा जगतो वभूर्व।**
**य ईशे अस्य द्विपदश्चतुष्पदः कस्मैं देवाय हविषा विधेम।।**

(Rv. X 121.3, Yv. XX''' .3)

यः। प्राणतः। नि ऽ मिषतः। महि ऽ त्वा। एकः। इत्। राजा।
जगतः। बभूव।
यः। ईशे। अस्य। द्वि ऽ पदः। चतुः ऽ पदः। कस्मै। देवाय।
हविषा। विधेम।

He by His greatness, has verily become the sole king of the breathing and seeing world; He rules over this aggregate of bipeds and quadrupeds, Whom else besides, that giver of happiness, can we offer all our devotion?

**5**

**येन द्यौरुग्रा पृथिवी च दृढा सेन स्वः स्तभितं येन नाकः।**
**यो अन्तरिश्वे रजसो विमाः कस्मै दवाय हविषा विधेम।।**

(Rv. X. 121.5, Yv. XXXII .6)

येन। द्यौः। उग्रा। पृथिवी। च। दृढा। येन स्वः।
स्तभितम। येन। नाकः। यः।
अन्तरिक्षे। रजसः। वि ऽ मान्ः। कस्मै। देवाय। हविषा।
विधेम।।

By him, the sky is made profound and the earth solid, by Him heaven and solar sphere are fxed. Who in the firmament has set the shining region like the flying birds. Whom else, besides that giver of happiness, can we offer all our devotion?

**6**

**प्रजापते न त्वदेतान्यन्यो विश्वा जातानि परि ता वंभूव।**
**यत्कामास्ते जुहुमस्तन्नों अस्तु वयं स्याम पतयो रयीणाम्।।**
(Rv. X. 121.10)

**प्र जा प पत। न। त्वत्। एतानि। अन्यः। विश्वा। जातानि।**
**परि। ता। बभूव।**



**यत्ऽकामाः। ते। जुहुमः तत्। ः। अस्तु। वयम्। स्याम।**
**पतयः। रयीणाम्।**

No other than the Lord of people, has given existence to all these beings; May that object of our desires for which we dedicate ourselves to Thee, by ours; may we be the possessors of grand riches.

## 7

स नो बन्धुर्जनिता स विंधाता धामानि वेद भुयनानि विश्वा।
यत्रं देवाऽअमृतमानशानास्तृतीये धामन्नऽयैरयन्त।।

सः। नः। बन्धुः। जनिता। सः। विधाता। धामनि। वेद।
भुवनानि। विश्वा।
यत्र। देवाः। अमृतम्। आनशानाः। तृतीये। धामन्।
अधि ऽ ऐरयन्त।।

He is our Kin, our Father and Begetter; He knows all beings and all ordinances. In him, the enlightened ones obtaining life-eternal have risen upward to the third high station.

## 8

यो नः पिता जनिता यो विधाता धामानि वेद भुवनानि विश्वा।
यो देवानां नामधा एक एव तं संप्रश्नं भुवना यन्त्यन्या।।

यः। नः। पिता। जनिता। यः। विधाता। धम्मानि। वेद।
भुवनानि। विश्वा।
यः। देवानाम्। नाम ऽ धाः। एकः। एव। तम्। सृम् ऽ प्रश्नम्।
भुवना। यन्ति। अन्या।

He who is our father, progenitor, the creator, who knows our beings and all ordinances. He is the name-giver of all Nature's bounties. He verily is one; other beings come to him with problems and inquiries.

## 9

अग्ने नयं सुपर्था रायेऽअस्मान् विश्वानि देव वयुनानि विद्वान्।
युयोध्यस्मज्जुहुराणमेनो भूर्यिष्ठां ते नमऽउक्तिं विधेम।।

(Rv. I. 189.1)

अग्ने। नय। सुपथा। राये। अस्मान्। विश्वानि। देव।
वयुनानि। विद्वान्। युयोधि।
अस्मत्। जुहुराणम्। एनः। भूयिष्ठाम्। ते। नमः ऽ उक्तिम्।
विधेम।।

O adorable God, may you lead us along the wholesome path for our prosperity, since, O Lord, you are in knowledge of all our actions. May you cleanse us of the sin that forces us astray. With humility, we offer you our most reverential homage.

## For Peace, Harmony and Happiness

द्यौः शान्तिरन्तरिंक्ष ँ शान्तिः पृथिवी शान्तिरापः शान्ति-
रोर्षधयः शान्तिः। वनस्पतयः शान्तिर्विश्वें देवाः शान्तिर्ब्रह्म।
शान्तिः सर्व ँ शान्तिः शान्तिरेव शान्तिः सा या शान्तिरेधि।।

द्यौः शान्ति — may peace and tranquility flow to us from the clestical shining region.

अन्तरिक्षं शान्तिः — peace from mid-space.

पृथिवी शान्तिः — peace on te earth.

आपः शान्तिः — peace from waters.

ओषधयः शान्तिः — peace from plants.

वनस्पतयः शान्तिः — peace from trees.

विश्वदेवाः शान्तिः — peace from Natures bounties.

ब्रह्म शान्तिः — peace from the divine knowledge.

सर्व शान्तिः — peace from each and every source.

शान्तिः एवं शान्तिः — peace, and only peace.

सा मा शान्तिः एधि — may that peace, tranquility and alleviation come to me.

***Om Śantiḥ - Śantiḥ - Śantiḥ***
***Peace - Peace - Peace***

# डायमंड बुक्स में डॉ. भोजराज द्विवेदी का ज्योतिष, वास्तु, तंत्र, मंत्र, यंत्र सम्बन्धी साहित्य

## राहु केतु एवं ग्रहण विचार

राहु-केतु के बारे में भ्रमपूर्ण कथाएं, किंवदंतियां यत्र-तत्र-सर्वत्र, व्याप्त हैं, जिसका सत्यासत्य अन्वेषण और वैज्ञानिकी स्पष्टीकरण आज के युग की मांग है। प्रस्तुत पुस्तक इन्हीं सभी तथ्यों को स्पष्ट कर रहा है। सूर्य-चंद्र ग्रहण के समय उत्पन्न जातक, पशु-पक्षी, प्राकृतिक उत्पात, ज्वालामुखी, उल्कापात, मानवी त्रासदी एवं भारी मात्रा में हो रहे नरसंहार आदि- ये सभी वैज्ञानिकों के अनुसंधान के विषय रहे हैं। इस पुस्तक में सूर्य-चंद्र ग्रहण पर बृहद विचार किया गया है, जिससे जातक की कुंडली पर हो रहे अनेकानेक प्रभावों को फलादेश करने में यह अनमोल ग्रंथ अग्रगण्य है।

**मूल्य : 75/- रुपए**

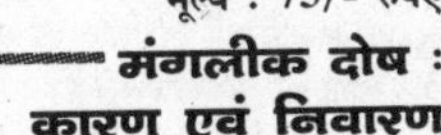

## मंगलीक दोष : कारण एवं निवारण

वस्तुतः मंगल ग्रहों का सेनापति है। यह पुरुषार्थ का प्रतीक है। पुरुष का शुक्राणु एवं स्त्रियों का रज मंगल ग्रह के प्रभाव से बनता है, अतः संतानोत्पति, दाम्पत्य सुख, परस्पर ग्रह-गुण-मिलाप में मंगल का प्रभाव सर्वोपरि है। डॉ. भोजराज द्विवेदी द्वारा लिखित यह पुस्तक मंगल दोष निवारण से संबंधित है। यह दोष प्रायः विवाह में बाधा उत्पन्न करता है। वैवाहिक जीवन को कष्टमय बना देता है। इस दोष से निवारण की तमाम विधियां इस पुस्तक में बताई गई हैं; जैसे-घट विवाह, अर्क विवाह व तुलसी विवाह की विधियां आदि।

**मूल्य : 60/- रुपए**

## शनि उपचार

शनि नवग्रहों में सर्वाधिक शक्तिशाली एवं रहस्यमय ग्रह है। ज्योतिष शास्त्र में यदि शनि ग्रह न होता तो ज्योतिष विद्या की इतनी अधिक महत्ता एवं मान्यता न होती। शनि की साढ़े साती और ढैया लोक विख्यात है। जीवन चक्र को बदल देने वाला इस शनि ग्रह से सभी लोग डरे-डरे से रहते हैं। प्रस्तुत पुस्तक में डॉ.भोजराज द्विवेदी द्वारा शनि ग्रह के उपचार संबंधी विविध जानकारी दी गई है। प्रतिकूल शनि को कैसे अनुकूल बनाएं। इसमें वैदिक, पौराणिक तांत्रिक, दान और अनुभूत टोटके आदि द्वारा शनि ग्रह की शांति करवाने की अनेक विधियां बताई गई हैं।

**मूल्य : 60/- रुपए**

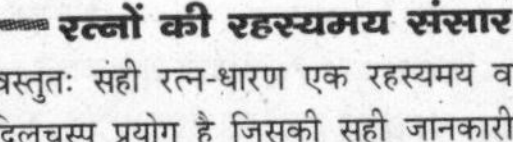

## रत्नों की रहस्यमय संसार

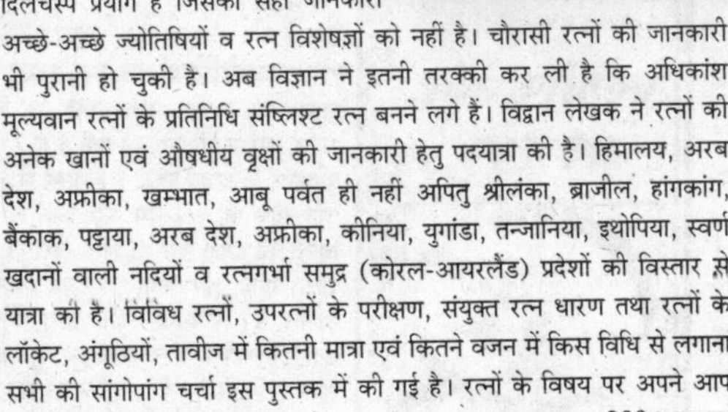

वस्तुतः सही रत्न-धारण एक रहस्यमय व दिलचस्प प्रयोग है जिसकी सही जानकारी अच्छे-अच्छे ज्योतिषियों व रत्न विशेषज्ञों को नहीं है। चौरासी रत्नों की जानकारी भी पुरानी हो चुकी है। अब विज्ञान ने इतनी तरक्की कर ली है कि अधिकांश मूल्यवान रत्नों के प्रतिनिधि संश्लिष्ट रत्न बनने लगे हैं। विद्वान लेखक ने रत्नों की अनेक खानों एवं औषधीय वृक्षों की जानकारी हेतु पदयात्रा की है। हिमालय, अरब देश, अफ्रीका, खम्भात, आबू पर्वत ही नहीं अपितु श्रीलंका, ब्राजील, हांगकांग, बैंकाक, पट्टाया, अरब देश, अफ्रीका, कीनिया, युगांडा, तन्जानिया, इथोपिया, स्वर्ण खदानों वाली नदियों व रत्नगर्भा समुद्र (कोरल-आयरलैंड) प्रदेशों की विस्तार से यात्रा की है। विविध रत्नों, उपरत्नों के परीक्षण, संयुक्त रत्न धारण तथा रत्नों के लॉकेट, अंगूठियों, तावीज में कितनी मात्रा एवं कितने वजन में किस विधि से लगाना सभी की सांगोपांग चर्चा इस पुस्तक में की गई है। रत्नों के विषय पर अपने आप में अनोखी यह पुस्तक जिज्ञासु पाठकों के लिए ज्ञान का अनमोल खजाना है।

**मूल्य : 200/- रुपए**